# 워킹맘, 회사를 그만두고
# 캐나다로 미니은퇴를 떠나다

# 워킹맘, 회사를 그만두고 캐나다로 미니은퇴를 떠나다

발행일       2018년 10월 12일

지은이       조 진 희
펴낸이       손 형 국
펴낸곳       (주)북랩
편집인       선일영                          편집    오경진, 권혁신, 최승헌, 최예은, 김경무
디자인       이현수, 김민하, 한수희, 김윤주, 허지혜   제작    박기성, 황동현, 구성우, 정성배
마케팅       김회란, 박진관, 조하라
출판등록     2004. 12. 1(제2012-000051호)
주소         서울시 금천구 가산디지털 1로 168, 우림라이온스밸리 B동 B113, 114호
홈페이지     www.book.co.kr
전화번호     (02)2026-5777              팩스    (02)2026-5747

ISBN        979-11-6299-379-8 03320 (종이책)   979-11-6299-380-4 05320 (전자책)

이 도서의 국립중앙도서관 출판예정도서목록(CIP)은 서지정보유통지원시스템 홈페이지(http://seoji.nl.go.kr)와
국가자료공동목록시스템(http://www.nl.go.kr/kolisnet)에서 이용하실 수 있습니다.
(CIP제어번호: CIP2018032123)

**(주)북랩** 성공출판의 파트너
북랩 홈페이지와 패밀리 사이트에서 다양한 출판 솔루션을 만나 보세요!
**홈페이지** book.co.kr   •   **블로그** blog.naver.com/essaybook   •   **원고모집** book@book.co.kr

〈여의도 맞벌이 부부가 잘사는 법〉 저자
여의도 조이부부의 리얼 스토리 **시즌 2**

# 워킹맘
## 회사를 그만두고
## 캐나다로 미니은퇴를
# 떠나다

조진희 지음

아이도 잘 키우고 싶고, 일도 하고 싶은
욕심 많은 엄마의 인생 2막 프로젝트

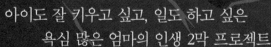

북랩 **book** Lab

# contents

# 36세, 뒤늦게 찾아온 엄마의 사춘기

나는 요즘 반항기다. 우리 친정엄마는 그동안 큰소리 한 번 없이 자라 온 막내딸이 "이상해졌다."고 하시고, 시어머니는 우리 부부에게 제정신이냐고 물어보셨다.

한때는 우리 부부도 모두가 가는 길을 똑같이 걸었다. 성실하게 사는 부부였고, 그 당시에는 누구도 우리에게 비정상이라고 말하지 않았다. 그것이 정답인 줄 알았고, 언젠가는 노력에 대한 보답이 있을 거라고 기대했다. 하지만 시간이 지날수록 나에게는 희망보다 절망이 더 커져만 갔다.

이렇게 열심히 사는데, 왜 항상 제자리를 맴도는 느낌일까?

우리 부부는 신혼 때부터 참으로 열심히 살았다. 퇴근하면 재테크 책을 읽었고, 쉬는 날에는 강연을 듣거나 부동산으로 임장(臨場)을 다녔다. 맞벌이 부부라 퇴근하고 집에 오면 둘 다

에너지가 방전되었지만 잘살아 보자는 꿈과 희망만으로도 다시 에너지가 차오르던 시절이었다.

두 아이가 태어나고 들어가는 돈은 갈수록 늘었지만 그나마 신혼 때 재테크를 해 두었기 때문에 조금 나았을 뿐, 육체적, 정신적으로 힘든 상황은 끊이지 않고 반복되었다. 미래에 대한 희망이라도 있었다면 참고 견뎌낼 수 있었을 텐데 희망은커녕 우리 아이들까지 이 삶을 이어받아 힘든 인생이 지속될 것 같다는 불안한 생각이 들었다.

'과연 남들처럼 사는 것이 맞는 것일까?' 의문이 들었다. 이렇게 열심히 사는데도 바뀌는 게 없다면 뭔가 잘못되었거나 다른 방법을 찾아야 했다. 생각의 전환이 필요했다. 그리고 우리 부부에게는 두 아이가 있기에 대책 없이 무언가를 지르기보다는 철저하게 계획하고 준비해야 했다. 우리 부부도 행복하고, 아이들도 행복하고, 가족 모두가 행복한 삶을 살기 위해서 말이다.

국내 굴지의 대기업에 다니는 남편과 아내. 두 사람의 연봉을 합하면 1억 5천만 원이 족히 넘는다. 이 연봉만 아니었다면 우리는 진작에 새로운 인생을 시작하여 살고 있었을지도 모르겠다. 매번 선택의 기로에서 발목을 잡았던 것은 대기업이라는 명함과 남들보다 높은 월급이었다.

"어떻게 들어간 대기업인데 거기를 그만둬. 지금 취업 못 해서 난리인 거 모르니?"

사표를 내려고 할 때마다 우리 엄마는 나를 극구 말렸다. 엄마의 한 마디에 나는 입 밖에까지 나온 '퇴사'라는 단어를 다시 속으로 삼켰다. 그 당시 내가 흔들렸던 것은 회사를 그만두더라도 무엇을 할지에 대한 준비가 되어있지 않았기 때문이었다. 그때의 나는 그냥 열심히만 살았지, 회사를 나와서는 아무것도 할 줄 모르는 어린아이에 불과했다.

다시 무언가를 시작하기에는 이미 늦었다고 생각했다. 그래서 버틸 수 있을 때까지 버틴다는 심정으로 회사에 다녔다. 내 인생을 내 마음대로 살지 못하고 회사가 조종하는 대로 끌려다닌 것이다.

그렇게 회사에 다니다가 둘째 아이를 출산한 후 육아휴직이 끝나고 복직한 뒤, 나는 승진에서 연달아 떨어지며 자존심이 처참하게 무너지는 시련을 겪게 되었다. 그 일을 계기로 내 인생의 큰 전환점을 맞게 되었다. 아마 이 계기가 없었다면 나는 여전히 버티는 인생을 살고 있을 것이다. 당시에는 죽도록 힘들었고 하늘을 원망했는데, 지나고 나니 신이 나에게 준 선물과도 같은 소중한 경험이 되었다.

나는 이제 더 이상 남들과 같은 길을 가지 않는다. 나의 길을 개척하고 내가 만들어 가는 인생을 산다. 같은 길을 가고 있는 다수의 사람에게 나와 우리 부부의 모습은 이상하게 보이겠지만 그래도 나는 예전보다 내 인생에 대한 확신이 들고 자신감이 샘솟는다. 그리고 무엇보다 행복하다.

나를 바꾸게 된 계기는 내 인생에서 가장 힘든 시기에 찾아왔다. 지금 당신이 힘들고 괴롭다면 위기가 아닌 기회라고 생각하자. 기회는 준비된 자만이 잡을 수 있고, 지금부터 차근차근 준비하면 누구든지 할 수 있다.

당신은 버티는 인생을 살 것인가, 아니면 주도하는 인생을 살 것인가!

# 1

당신은 아직도
워킹맘과 전업맘 사이에서
갈등하고 있는가?

나는 경제적 독립을 꿈꾼다. 젊을 때 열심히 벌어서 꼬박꼬박 월세가 들어오는 시스템을 구축하면 회사를 그만두려고 했으나, 일을 시작한 지 11년이 넘도록 여전히 회사를 벗어나지 못한 채 쳇바퀴 도는 삶을 지속했다.

취업 후 줄곧 일만 해 온 나는 둘째 아이를 출산한 후 육아휴직에 들어가면서 전업맘의 삶을 살아 보게 되었다. 1년 3개월간의 육아휴직 기간 동안 그 누구보다도 엄마 역할에 충실했지만, 집에서 살림만 하고 사는 삶은 나에게 맞지 않는다는 것을 뼈저리게 깨달았다. 그래서 나 자신이 당당해지기 위해 회사로 돌아가기로 결심했다.

그동안 꿈꿔왔던 전업맘(육아에만 전념하는 엄마를 이르는 말)에 대한 환상을 깨고, 휴직이 끝남과 동시에 당당하게 워킹맘(아이를 낳아 기르면서 일을 하는 여성을 통틀어서 이르는 말)으로 돌아갔다. 그런데 시간이 지날수록 또다시 전업맘을 부러워하는 나 자신을 발견했다.

대한민국 엄마들에게는 풀리지 않는 숙제가 하나 있다.

"워킹맘이냐, 혹은 전업맘이냐?"

이 질문을 하면 누구에게도 뚜렷한 대답을 얻기 힘들다. 우리가 부러워하는 인생이 누군가에게는 간절히 벗어나고 싶은 인생일 수도 있기 때문이다. 그래서 항상 워킹맘은 전업맘을 부러워하고, 전업맘은 워킹맘을 꿈꾼다.

만약 서로의 일을 바꿔 본다면 어떨까? 과연 행복하다고 느끼는 사람이 몇이나 될까? 다시 원래대로 돌아가고 싶어 하는 자신을 발견하게 될지도 모른다.

막연한 환상을 품는 것보다 현실을 직시하는 것이 우선이다. 일은 하고 싶은데 온종일 회사에 묶여 있기는 싫고, 아이를 잘 돌보고 싶지만 아이만 바라보며 살고 싶지는 않다. 나는 워킹맘과 전업맘, 둘 중 하나를 선택하는 게 아니라 워킹맘처럼 일도 하고, 전업맘처럼 엄마 노릇도 제대로 하면서 자유로운 인생을 사는 것이 꿈이다.

이 삶은 불가능한 것이 아니라 다만 두려움에 실행하지 못하고 있을 뿐이다. 현실에 불만만 느끼지 말고 이제 원하는 삶으로 다가가 보자.

## ☆ 전업맘을 부러워하는 워킹맘

나는 맞벌이 부부로 결혼 생활을 시작했다. 결혼이란 응당 사랑하는 사람과 얼굴만 마주쳐도 웃음이 나고 인생에서 가장 행복한 시기여야 하는데, 맞벌이 부부였던 우리는 출근 전과 퇴근 후에 잠깐 서로의 얼굴을 보는 것이 다였다. 그리고 그마

1. 당신은 아직도 워킹맘과 전업맘 사이에서 갈등하고 있는가?

저도 둘 다 종일 회사에서 일하고 돌아와 피곤함에 찌든 상태로 서로를 맞이하기 일쑤였다.

사랑하는 사람과 함께여서 행복했지만, 그것만으로는 왠지 모를 불안감이 계속해서 잠재되어 있었다. '하루에 회사에 있는 시간이 이렇게 긴데 아이를 낳으면 어떻게 키우고, 과연 돈을 모을 수는 있을까?' 이런 생각으로 마냥 행복한 신혼을 누릴 수만은 없었다.

나는 첫째 아이를 출산하고 3개월 만에 복직했다. 다른 사람에게 갓난아이를 맡기고 출근을 하려니 가슴이 미어졌다. 그렇다고 회사를 그만둘 수도 없었다. 대출금도 있고 아이한테 들어가는 돈도 생각보다 많았다. 그런데 회사를 그만두면 나중에 이 정도의 연봉을 받으며 근무할 곳을 어디에서 찾는다는 말인가!

아이를 다른 사람에게 맡기고 마음에 들지 않는 상황이 자꾸 눈에 거슬렸지만, 현실적인 문제를 외면할 수 없으니 참고 회사에 다녔다. 일하지 않겠다는 것은 아니다. 나는 일을 통해 활력을 찾고 보람을 느끼니까. 다만, 아이가 어릴 때만이라도 내가 키우고 싶었다.

아이를 키우다 보면 다양한 상황에 부딪히게 된다. 그중에는 예상한 일도 있고, 예상치 못한 일들도 수시로 벌어진다. 워킹맘은 아이와 관련된 여러 상황에서 제대로 엄마 노릇을 할 수 없을 때 갈등하게 된다.

## ☆ 워킹맘의 갈등 상황

### # 아이가 아플 때

아이가 고열에 시달려 응급실에 다녀오고 난 뒤 밤새 한숨도 잠을 자지 못했다. 아이가 아플 때 시터(베이비 시터, baby sitter)분께 아이를 맡기고 출근하는 날은 발걸음이 쉽게 떨어지지 않는다. 아이는 엄마를 찾지만 냉정하게 문밖을 빠져나와야 한다. 이럴 때만이라도 내가 아이 곁에서 간호해 줄 수 있다면 얼마나 좋을까?

### # 아이가 밥을 제대로 먹지 않을 때

아이들 밥을 해 두고 출근했는데 돌아와 보니 밥이 거의 그대로 남아있다. 사탕 봉지, 아이스크림 봉지를 보면 화가 나기도 한다. 이런 것을 먹으니 아이들이 밥을 제대로 안 먹는 것 같다. 어릴 때부터 아이들의 식습관이 중요하다는데, 갓 구운 생선과 반찬으로 내가 아이들을 챙겨 먹일 수 있으면 얼마나 좋을까?

1. 당신은 아직도 워킹맘과 전업맘 사이에서 갈등하고 있는가?

# 아이가 갑자기 등원을 거부할 때

유치원에서 무슨 일이 있었던 것일까? 아이에게 물어보지만, 아이는 쉽사리 말을 꺼내지 않는다. 하지만 당장 아이를 맡길 곳이 없으니 일단 유치원에 보내야 한다. 가기 싫은 이유가 분명 있었을 텐데 힘든 상황을 버텨내야 하는 아이에게 미안해진다.

# 아이들 행사로 눈치를 보며 휴무를 신청해야 할 때

연초가 되면 유치원에서 1년간의 주요 학사 일정을 보내준다. 종이를 받으면 한숨이 나온다.

'과연 유치원 행사에 다 참석할 수 있을까?'

행사를 앞두고 몇 주 전부터 나는 회사에 어느 시점에 어떻게 휴무를 보고해야 할지 고민한다. 상사가 기분이 좋을 때 또는 칭찬받을 수 있도록 업무 보고를 끝내고 난 뒤 최대한 서로가 불편하지 않은 상황에서 조심스레 말을 꺼낸다. 입학식, 운동회, 부모 면담 등 참여해야 할 행사는 많은데 좀 떳떳하게 참석할 수 있다면 얼마나 좋을까?

# 업무로 스트레스가 과도할 때

회사 일로 스트레스가 극에 달하면 예민해지고 집에 와서도 그 감정이 아이들에게 그대로 전달되기 마련이다. 내 마음에 여유가 있어야 아이들에게도 환한 미소로 대해 줄 수 있는데 다음 날 출근 걱정, 업무 걱정이 머릿속에 맴돌아 아이들에게 집중할 수 없다.

다양한 상황들 속에서 워킹맘은 아이에게도 미안한 상황, 회사에도 불편한 상황이 이어진다. 내가 지금 제대로 가고 있는 것일까? 워킹맘은 고민이 깊어진다.

## ☆ 워킹맘으로 돌아가고 싶은 전업맘

나는 첫째 아이가 22개월이 되었을 때 둘째 아이를 출산했고, 그러면서 처음으로 육아휴직이라는 것을 쓰게 되었다. 육아휴직에 들어가기 전부터 설렘과 꿈에 부풀었다. '아이들과 놀아 주고, 신랑에게 아침 식사도 차려 주고, 이번 기회에 요리도 배워볼까?' 이런 생각을 하며 그동안 꿈꾸었던 위시리스트를 노트에 한가득 적어 놓았다.

그러나 육아휴직이 시작됨과 동시에 나의 꿈은 물거품처럼 사라졌다. 둘째 아이에게 종일 젖을 물리고, 우는 첫째 아이를 달래느라 전쟁 같은 날이 계속되었다. 첫째를 낳고 출산휴가 3

1. 당신은 아직도 워킹맘과 전업맘 사이에서 갈등하고 있는가?

개월 만에 복직했던 나는 온전히 아이를 돌본 적이 없는 무늬만 엄마에 불과했던 것이다.

육아휴직 후 1년 3개월 동안 두 아이와 온종일 함께하면서 육아에 차츰 익숙해졌고, 더 이상 예전처럼 전쟁 같은 상황이 발생하지는 않았지만 나는 주부로서의 삶을 다시 한번 생각해 보게 되었다.

온종일 아이를 먹이고, 재우고, 씻기는 단순한 삶이 반복되었고, 집안일은 끝이 없었다. 고된 하루가 끝나고 신랑이 퇴근하면 힘들었던 일상을 신랑에게 주저리주저리 이야기했다. 처음에 잘 들어 주던 신랑은 같은 이야기가 반복되자 나의 얘기를 듣는 둥 마는 둥 했다. 화도 나고 억울했다.

"당신이 애 둘 키우든가! 나도 당신만큼 월급 받고 다니던 사람이야! 내가 집에 있으니 우스워 보여?"

괜한 화풀이를 신랑에게 해댔다. 내가 휴직 중이었으니 망정이지, 그만두었으면 어쩔 뻔했는가! 나는 시간이 지날수록 조직에 속해 있음에 감사하게 되었다.

# ☆ 전업맘의 갈등 상황

### # 집안일은 나에게 맞지 않는다

나는 일을 하며 보람을 느낀다. 그런 내가 집에서 살림만 하고 시간을 보내려니 나의 정체성이 흔들린다. '내가 이러려고 대학을 나왔나?' 이런 생각도 든다. 하원 시간에 맞춰 아이들을 데려오고, 밥을 챙겨 주고, 신랑 퇴근을 기다리고 있는 나 자신이 싫다. 나도 일터에서 내 성과로 인정받고 싶다.

### # 시간은 많은데 돈이 없다

내가 돈을 벌 때는 당당하게 소비할 수 있었다. 출근길에 스타벅스에서 쓰는 커피 한 잔 값 정도는 얼마든지 쓸 수 있었는데, 휴직하고 버는 것 없이 집에만 있으니 괜히 눈치가 보인다. 얼마 전에는 사고 싶은 원피스도 그냥 지나쳤고, 배우고 싶은 강좌도 있었지만 포기했다. 내가 왜 이렇게 소심해진 것일까?

### # 신랑과 멀어지는 느낌

주부가 된 이후 신랑과 자꾸 멀어지는 느낌이다. 내가 일을 할 때는 이해할 수 있었던 신랑의 회식과 야근마저도 지금은 화가 난다. 그래도 맞벌이일 때는 힘들어도 뭐든 함께한다는

1. 당신은 아직도 워킹맘과 전업맘 사이에서 갈등하고 있는가?

동지 같은 느낌이 있었는데 지금은 뭐든 나에게 미루는 듯한 느낌이 들어 서운함마저 든다.

### # 엄마도 리즈 시절(전성기 시절)을 꿈꾼다

회사를 휴직하니 결혼식이나 가족 행사에 참석할 때 외에는 그다지 꾸밀 일이 없다. 정장에 높은 뾰족구두를 신던 그때가 그립다. 나도 한때는 자신감 넘치고 당당한 엄마였다. 아이들은 점점 크고 내 시간이 생겼지만, 내가 할 수 있는 것이 그다지 많지 않은 것 같다. 자신감 있던 워킹맘 시절로 돌아가고 싶다.

"역시 일하던 엄마는 계속 일을 해야 해." 1년 계약직 전업맘이었던 나는 워킹맘으로 돌아가겠다고 다짐한다.

### ☆ 나의 최종 목표는 자유로운 워킹맘이다

육아휴직이 끝나고, 나는 다시 회사로 돌아가 일할 수 있음에 감사하게 되었다. 워킹맘 티를 내지 않으려고 회사도 남들보다 일찍 출근했고, 갑작스러운 야근이나 회식 등 급한 상황이 발생해도 문제가 없도록 옵션 1, 옵션 2의 대안까지 미리 마련해 두고 회사에 다녔다. 그리고 육아휴직을 쓴 터라 동기들보다 승진이 늦어졌기에 나도 빨리 승진하고 싶다는 의지가 강했다.

새벽부터 일어나서 아이들 저녁 식사까지 데워 먹일 수 있도록 준비해 두고 남들보다 일찍 출근하려면 더 빨리 나가야 했다. 돈이 들더라도 한 시간 더 일찍 시터를 썼다. 회사에서는 야근, 휴일 근무도 마다하지 않았다.

어찌 보면 남들은 당연히 하는 일도 워킹맘은 두세 배 신경 써야 그나마 남들처럼 인정받을 수 있다. 그런데도 조직에서 힘들다고 티 낼 수 없는 것이 워킹맘의 현실이다. 그러나 나는 다시 주부로 되돌아가고 싶지 않았기에, 힘들어도 버텨냈다.

복직한 첫해, 나는 승진 명단에서 누락되었다. 아주 속상했지만, 어느 정도 마음의 각오는 되어 있었다. 육아휴직을 쓴 것에 대한 대가는 있으니 말이다. 그러나 해가 지날수록 경쟁자는 늘어났고, 나는 그 속에서 어떻게든 튀어야만 했다.

'그래. 한 해만 더 달려보자'

회사에 나의 충성심을 보이기 위해 나는 더 최선을 다했다. 그러나 결과는 암울했다. 나는 또다시 승진에서 누락되었고, 누락과 동시에 작은 점포로 발령이 났다. 승진에 누락되었는데 다른 곳으로 이동까지 하게 되면서 나는 처음부터 다시 시작

1. 당신은 아직도 워킹맘과 전업맘 사이에서 갈등하고 있는가?

해야 했다. 담당 업무도 바뀌었고, 새로운 환경에 또다시 적응해야 했다. 발령받은 곳에도 이미 수많은 경쟁자가 있었고, 내가 그들보다 뛰어난 성과를 내기란 쉽지 않아 보였다.

어느 날, 나는 엉엉 울면서 집으로 돌아왔다. 누락된 것도 억울한데 다른 점포로 발령이라니…. 받아들일 수 없었다. 당장이라도 사표를 쓰고 싶었다. 하지만 회사를 나온다 한들, 내가 마땅히 할 수 있는 일이 없었다. 아니, 할 수 있는 일이 없는 것이 아니라 하고 싶은 일이 없다고 해야 맞을 것 같았다. 나의 커리어와 학력, 이 모든 것을 포기한다면 내가 당장이라도 일할 곳은 널렸으니까.

'정녕 이 회사에서 버티는 것밖에는 방법이 없는 것인가?' 그동안 무엇을 하고 산 것인지, 나에 대한 회의감이 몰려왔다.

후배에게 상사 대접을 하고, 동기를 직속 상사로 둔 상황에서 하루라도 빨리 조직을 박차고 나오고 싶었다. 하지만 이대로 처참히 그만둘 수는 없었다.

'그래. 당장 그만두지 말고 준비가 되면 그때 당당히 회사를 나오자'

이렇게 나의 인생 2막을 위한 준비가 시작되었다. 그때를 기점으로 내 인생은 완전히 뒤바뀌게 되었다. 나는 두 가지 기준을 가지고 움직였다.

첫 번째, 높은 임금은 포기하는 대신 나의 시간을 확보해야 한다는 것이다. 그래야 아이들과 충분한 시간을 갖고 아이들이 나를 필요로 하는 시기에 곁에서 돌볼 수 있다. 예전처럼 높은 월급을 받지도 못하는데 내 삶의 만족도까지 떨어진다면 굳이 지금의 직장을 포기할 이유가 없다.

두 번째, 내가 좋아하는 일을 하고 싶었다. 회사를 그만두면 지금 수준의 대기업에 들어가기는 쉽지 않을 것이었다. 그리고 더 이상 이런 조직에서 하나의 부품으로 남고 싶지 않았다. 내가 즐기는 일로 노후에도 지속할 수 있는 일을 찾아서 좀 가늘지만 길게 가는 방향을 선택했다. 물론 나의 노력에 따라 잘되면 지금보다 더 높은 봉급을 받게 될 수도 있을 것이었다.

요즘 많이 이슈가 되고 있는 디지털노마드(Digital Nomad)[1]는 딱 내가 추구하는 인생이었다. 시간에 구애받지 않고 내가 일하고 싶을 때 언제, 어디서든 일할 수 있는 시스템 말이다. 무작정 회사에서 근무 시간을 채우는 것이 아니다. 집중이 잘되는 시간에 일을 효율적으로 끝내고, 아이들과 함께해야 하는 시간에는 아이들과 충분히 놀아 준다. 일은 마음만 먹으면 언제 어디서든 할 수 있다. 집에서 할 수도 있고 카페에 가서 할

---

[1]  일과 주거에 있어 유목민(nomad)처럼 자유롭게 이동하면서도 창조적인 사고방식을 갖춘 사람들을 뜻한다.

1. 당신은 아직도 워킹맘과 전업맘 사이에서 갈등하고 있는가?

수도 있으며 아이들 하원을 기다리는 동안에 할 수도 있다.

이렇게 나는 최종 인생 목표로 내가 좋아하는 일과 디지털 노마드, 이 두 가지를 함께 엮고 그에 맞춰 나의 인생 2막을 준비하게 되었다. 회사에 다닐 때는 전업맘을 부러워했고, 전업맘이 되었을 때는 회사 생활을 그리워했는데, 지금 나는 '자유로운 워킹맘'을 꿈꾼다.

그렇다면 '자유로운 워킹맘'은 무엇이고 우리는 언제 그런 삶을 살 수 있을까?

자유로운 워킹맘은 회사를 벗어나 자기 일을 하면서 엄마로서 원하는 역할도 함께 추구하는 삶이다. 워킹맘과는 엄연히 다르다. 워킹맘은 생활에서 일의 비중이 70%이고 그 비중을 내 마음대로 조절할 수 없다면, 자유로운 워킹맘의 경우에는 상황에 맞게 일의 비중을 조절해 나갈 수 있다. 아이들의 성장 시기에 맞춰 일이 30%가 될 수도 있고, 60%가 될 수도 있다.

그렇다면 그 시기는 언제가 좋을까?

쉽게 설명하기 위해 육아를 크게 두 단계로 나누어 보자. 1단계는 신생아부터 4세까지 전적으로 부모의 손길이 필요한 시기다. 아이들이 기본적인 생활습관을 익혀가는 단계이기 때문에 손이 많이 가고 부모 또한 육체적으로 힘들다. 하지만 이때는 아이에게 중요한 시기인 만큼 아이에게 집중하는 것이 좋다.

2단계는 5세 이후를 말한다. 이 시기부터는 아이가 기관 생활을 하고 독립적으로 할 수 있는 것들이 늘어나면서 부모에게도 여유가 좀 생긴다. 이 시기가 바로 인생 2막의 시작, 자유로운 워킹맘을 꿈꾸기에 가장 적합한 시기다.

일과 육아의 비중을 조절할 수 없다

아이가 어릴 때는 육아의 비중을 높이고,
아이가 성장함에 따라 일의 비중을 높여간다

1. 당신은 아직도 워킹맘과 전업맘 사이에서 갈등하고 있는가?

# 2

진짜 내 인생을 살기 위해
나를 공부하기 시작하다

나는 어릴 때부터 착한 딸이었다. 부모님이 시키는 대로, 하라는 대로 걱정 끼치는 일 없이, 소리 없이 잘 커온 딸이다. 그렇게 취업, 결혼, 출산을 거치며 그 시기에 해야 할 일들을 놓치지 않고 정석대로 살아왔다. 누가 정해 놓은 것인지 모르겠지만, 마치 그때 안 하면 여전히 숙제처럼 남아있을 만한 일들을 말이다.

그런데 시간이 지날수록, 내 마음속에 자꾸만 공허함이 남는다. 무엇이 문제였을까? 내 나이 마흔을 향해 달려가는 시점에 나는 '과연 이렇게 사는 것이 맞나?'라는 뒤늦은 성찰을 하게 되었다.

학생 때는 좋은 대학에 가기 위해 꿈을 찾기보다는 입시 공부가 우선이었고, 대학에 가서는 취업을 위해 자신에 대한 성찰보다 스펙을 쌓느라 정신이 없었다. 계속되는 치열한 경쟁 속에서 자신이 무엇을 원하는지 모르고 무작정 앞만 보고 달려온 것이다. 주변을 둘러봐도 대부분 나와 같은 삶을 살고 있으니 당연히 그게 맞는 줄 알았다.

"여기 월급쟁이 되고 싶어서 들어온 사람이 몇이나 되겠나? 어쩌다 보니 그렇게 된 거지."

그렇다. 내 인생이 어쩌다 보니 여기까지 왔다. 아마 내 인생에 굴곡이 없었다면 이렇게 사는 것이 정답인 양 꾸역꾸역 살아갔을지도 모른다. 힘든 날도 많았지만 참을 수 있는 정도였고 당연히 참아내야 한다고 생각했다.

그런데 직장 생활을 하며 내 노력과 상관없이 나의 자존심이 바닥까지 무너지는 상황에 부딪혔을 때 이제까지 참아온 인내와 직장 생활의 내공은 한순간에 무너지고 말았다. 도저히 '이렇게 살 수 없다'라는 생각이 들었고, '이렇게 살 수 없다'라고 생각하니 다르게 살 방법을 찾아야 했다.

재취업? 다른 회사에 가면 과연 상황이 더 나아질까? 일하는 환경만 바뀔 뿐, 상황은 크게 달라질 것이 없었다. 오히려 새로운 환경에 적응해야 하니 더 힘든 상황이 될 것이다.

한 번 사는 인생, 좀 더 행복하게 살 수 없을까? 지금껏 이렇게 힘들게 살아왔는데 좀 더 나를 위한 인생을 살 수는 없을까? 돈 좀 덜 벌면 어때? 대신 내가 좋아하는 일을 선택해서 노후에도 꾸준히 하면 되는 거 아닌가? 그게 결과적으로도, 경제적으로도 나에게 더 나은 결정이라는 생각을 하게 되었다. 그날 이후 나는 취업 사이트를 둘러보는 게 아니라 내 안에 잠재되어 있던 세포 하나하나를 끄집어내기 시작했다.


## ☆ 나에게 물었다, 지금 행복한지


'회사만 아니라면 더 행복할 것 같아'

나에게 행복은 중요하다. 한 번 사는 인생, 행복하게 살아야 하지 않겠는가! 그런데 나는 회사에 다니며 대부분의 시간을 행복을 느끼지 못한 채 보냈다. 가장 중요한 가치를 놓치고 있는 것이었다.

## # 워킹맘의 하루

알람이 울린다. 하루가 시작된다. '잠 좀 원 없이 자 보았으면…' 이런 생각을 하며 터덜터덜 주방으로 걸어 나간다. 아이들 식사 준비, 등원 준비, 출근 준비를 하다 보면 회사에 늦을세라 나도 모르게 정신을 바짝 차리게 된다.

아이들 얼굴도 제대로 보지 못하고 시터분께 아이들을 맡기고 출근한다. 지하철로 향한다. 다들 피곤함에 찌든 얼굴로 무표정하게 핸드폰을 보거나 부족한 잠을 청한다.

'나만 이렇게 힘든 것은 아닌가 보다'

내가 지하철 환승을 하는 고속버스터미널역은 출근 시간이 되면 사람들로 인산인해를 이룬다. 에스컬레이터에서 서서 가는 사람은 없다. 다른 역보다 유난히 긴 에스컬레이터에서 사람들은 아슬아슬할 정도의 속도로 계단을 뛰어 내려간다.

에스컬레이터 옆의 벽에는 이런 삽화가 그려져 있다.

"지금 들어오는 저 열차!! 여기서 뛰어도 못 탑니다. 제가 해봤어요."

워킹맘, 회사를 그만두고 캐나다로 미니은퇴를 떠나다

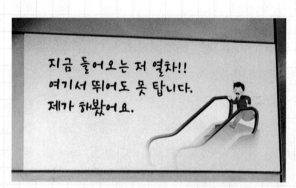

고속터미널역 에스컬레이터 옆 벽면의 삽화

사람들이 이 그림을 보기나 했을까? 여기에 그림이 그려져 있다는 것을 알기는 할까? 매일 똑같은 출근길. 매일 똑같은 이 광경.

도착해야 할 역에서 내린다. 역에서 회사까지는 8분 정도 걸어야 한다. 이어폰을 양쪽 귀에 꽂고 내 시간을 사수한다. 회사 사람이라도 만나면 무의미한 대화로 내 시간을 뺏기고 싶지 않기 때문이다. 사무실에 도착해 믹스커피를 한 잔 타 마시며 메일을 확인하고 일을 시작한다. 아침을 먹지도 못하고 출근했더니 배도 너무 고프고 점심시간만 기다려진다.

점심을 먹고 커피 한 잔을 마시는 그 시간은 내 회사 생활의 유일한 낙이다. 사무실로 돌아와 다시 일한다. 졸음이 몰려오면 양치를 하며 잠을 깨운다. 오후 4~5시가 되면 시계를 기웃거리며 퇴근을 기다린다. 야근하지 않기 위해 업무에 속도를 내 본다.

퇴근하고 집에 왔다. 아이들이 달려온다. 화장기는 사라지고 어둑어둑해진 내 얼굴에 환한 미소가 지어진다. 하루가 이렇게 긴데 내가 우리 아이들을 볼 수 있는 시간은 아침에 잠깐, 그리고 퇴근 후 고작 1~2시간밖에 되지 않는다.

온종일 엄마 없이 잘 놀아준 우리 아이들과 부둥켜 시간을 보낸다. 아이들을 재우고 나니 이제야 피곤함이 몰려온다. 핸드폰으로 인터넷 서핑을 하다 꾸벅꾸벅 졸며 잠든다.

아침이다. 또 출근을 한다.

행복을 위해서 이렇게 열심히 살고 있다고 생각했는데 그 삶이 오히려 나를 불행하게 만들고 있었다. 돈이 중요한 것은 맞지만, 내 인생의 전부가 되어서는 안 되었다.

행복한 인생을 그렇게 간절히 원했는데 나의 일상은 행복과 너무나 거리가 멀었다. 퇴근하고 나면 파김치가 되어 축 처져 있기 일쑤였고, 다음날 출근이라는 부담 때문에 월요일부터 목요일까지 괴로운 상황을 짊어지고 살았다. 금요일 저녁과 토요일은 일주일 중 가장 행복한 시간이었고, 일요일 저녁부터는 다시 우울함이 몰려왔다.

휴가는 딱 가기 전까지만 좋았다. 휴가가 시작됨과 동시에 나를 위한 재충전이라기보다는 그동안 일한다고 함께하지 못한 아이들과 온몸으로 놀아 주며 부모의 역할을 제대로 해 줘야 했다. 1년 365일 중 단 7~8일밖에 안 되는 짧은 휴가 기간 동안 모든 것을 몰아서 해야 하니 휴가가 끝날 무렵에는 체력은 바닥나 버렸다. 내 삶에 여유라고는 찾아볼 수 없었다.

힘들었다. 나는 점점 지치고 시간이 지날수록 무기력해졌다. 하지만 어떻게 해야 이 삶에서 벗어날 수 있는지 몰랐다. 주변을 둘러봐도 나와 비슷한 사람들뿐이고 다들 그럭저럭 버티며 살아가는 것 같았다.

회사 동료나 선배에게 회사를 그만두겠다고 하면 "나가서 무엇을 할 거냐?" "내가 회사 나가서 잘된 사람 한 명도 보지 못했다."라는 대답만 돌아왔다. 나에게는 아직 한참 어린 두 아이가 있는데 나의 잘못된 선택으로 인해 우리 가정이 잘못될 수도 있다고 생각하니 겁이 나고 무서웠다. 그냥 이 삶을 지속하는 것이 나은 인생일지도 모르겠다는 생각이 들었다.

분명 회사 때문에 내 인생이 불행한데, 시간이 지날수록 회사에서 한 해라도 더 버티려고 하고, 언제 잘릴지 몰라 두려워하고 있었다.

'지금 행복하지 않아. 그런데 어떻게 해야 행복하게 살 수 있는지 모르겠어.'

## ☆ 좋아하는 일을 하며 살 수는 없을까?

"아이들 키우고 집안일 하려고 대학까지 나온 것은 아니야. 외국에 어학연수도 다녀오고 대학교에서는 성적이 좋아서 조기 졸업도 했어. 나도 내 능력을 발휘하며 인정받고 싶고 남편에게도, 아이들에게도 당당하게 살고 싶어. 회사 다니는 게 싫어서가 아니라 내가 하고 싶지 않은 일들로 온종일 내 삶도 없이 묶여 있는 게 싫은 거라고!"

그렇다면 좋아하는 일을 하면서 여유 있게 사는 것이 내가 원하는 삶인데 내가 좋아하는 것이 무엇인지 알아야 하지 않겠는가! 나는 딱히 좋아하는 게 없다고 생각하는 사람도 있을 것이다. 그러나 좋아하는 게 없는 것이 아니라 자신이 좋아하는 것이 무엇인지도 모른 채 우리는 너무 앞만 보고 달려온 것이다.

아직 자신이 좋아하는 것을 찾지 못했다면 자신이 끌리는 것을 찾아서 하나씩 시도해 보자. 이것저것 하다 보면 진정으로 자신이 원하는 것이 무엇인지 찾을 수 있을 것이다. 자신이 좋아하는 일을 한다는 것은 하루하루를 더욱 풍요롭게 만들고 삶의 만족도를 높여 준다. 또한 나에게 긍정의 에너지를 불

워킹맘, 회사를 그만두고 캐나다로 미니은퇴를 떠나다

러일으켜 준다.

'평생직장'은 이제 더 이상 우리 세대의 이야기가 아니다. 인생 100세 시대, 퇴직 후 아무 일도 없이 무료하게 보내는 것은 죽을 날만 기다리며 사는 것처럼 끔찍한 일이다. 그래서 요즘 직장인이라면 누구나 미래를 대비하는 준비를 해야 한다. 인생 2막을 준비한다는 것은 거창한 것이 아니다. 자신이 무엇을 원하는지도 모르는 상태에서 엄청난 경쟁을 뚫고 취업했는데, 나 자신에 대한 이해만으로도 인생 2막의 준비는 훨씬 쉽다. 그래서 누구든 마음만 먹으면 더 잘 해낼 수 있다.

### # 좋아하는 일 찾는 법

일단 종이와 펜을 준비한다. 그리고 자신이 하면 기분이 좋아지는 일들을 하나씩 부담 없이 적어 본다.

독서, 그림 그리기, 운동, 요리 등.

그중에서 누군가 시키지 않아도 하고 싶어서 미칠 것 같은 일들을 순서대로 나열해 보자. 그리고 그 순서대로 하나씩 꾸준히 해 본다. 그동안 배워보고 싶던 것이 있다면 주저하지 말고, 온라인이든 오프라인이든 수업을 들어본다.

학창 시절 억지로 학원에 다닐 때는 그렇게도 졸렸는데 내가 배우고 싶은 수업이라 그런지 너무나 재미있다. 퇴근 후 한 시간씩 꾸준히 하다 보면 한 시간이 두 시간이 되고, 그것도 모자라 새벽에 일어나기도 한다.

중간에 하기 싫어지고, 스트레스를 받는다면 잘 생각해 보자. 자신이 좋아하는 일이라고 생각했는데 막상 일주일, 한 달 동안 지속하다 보면 생각했던 것과는 다르게 느껴질 수도 있다. 하지만 무언가 새로운 것을 시작했을 때는 버텨내는 힘이 필요하다. 뭐든 습관을 들이기까지가 힘든 것이지 일단 습관이 되면 그 생활이 다시 편해지기 때문이다. 그것이 긍정적인 습관이라면 말할 것도 없다. 내 인생에 지속해서 긍정의 힘을 불어넣어 줄 것이다.

모든 일을 재미있게 할 수만은 없지만 곤욕스럽고 억지로 하고 있다면 그 일로 인생 2막을 시작해서는 안 된다. 차라리 지금 다니는 회사에서 안정적인 월급을 받으며 그곳에 에너지를 쏟는 편이 훨씬 낫다.

자신이 해 오고 있는 것들을 꾸준히 업데이트시켜 자신만의 데이터를 쌓아 나가야 한다. 그 분야에서 나를 알아줄 수 있을 정도로 자신만의 방법을 부가해서 발전시켜 나간다. 그리고 그 일을 하는 과정에서 자신을 홍보할 수 있는 여러 수단을 동원한다. 블로그(Blog), 유튜브(YouTube), 네이버 TV(Naver TV),오디오 클립(Audio clip), 팟캐스트(Podcast) 등 자신을 홍보할 수 있는 수단은 다양하다.

자신의 분야에서 전문가가 된다면 나중에는 굳이 찾아다니지 않아도 자신을 찾아오는 사람들이 늘어날 것이다. 인터뷰나 강의를 요청받을 수도 있고, 상품 제작이나 판매 및 홍보를 요청받을 수도 있다.

회사 일이라는 것이 치열한 경쟁 속에서 위로 갈수록 힘든 것처럼, 자신이 좋아하는 일로 인생의 2막을 준비하는 것 또한 생각보다 쉽지 않은 일일 수도 있다. 회사는 회사라는 범위 안에서만 경쟁이 일어나지만 일단 회사를 그만두고 나오면 그 범위는 훨씬 더 넓어지며 오히려 더 치열할 수도 있다.

하지만 그 치열한 경쟁 속에서 누군가는 될 대로 되라는 식으로 그냥저냥 살아가는 사람이 있는 반면, 누군가는 시키지 않아도 열정을 갖고 일하는 사람이 있다. 그 속에서 격차는 더욱 벌어지며 누군가는 낙오자가 되고 누군가는 더욱 앞서갈 수 있게 되는 것이다. 그러니 지레 겁을 먹지도 말고 너무 자만하지도 말자. 단지 현실을 직시하며 그 속에서 자신의 분야를 꾸준히 개척해 나가는 태도가 필요하다.

자신이 좋아하는 일이 없다고 단정하지 말자. 하다못해 나는 TV 시청을 좋아한다면 자신의 일상을, 우리 아이들의 일상을 영상으로 재미있게 제작해 보자. 마치 내가 감독이 된 것처럼 말이다. 그렇게 하고 나면 TV를 보면서도 그냥 보지 않게 된다. 어떤 문구의 자막을 넣고 어느 시점에 음향 효과를 넣는 게 좋을지 생각하면서 TV를 보게 된다. 좋아하는 영상을 하나씩 만들다 보면 자신 있는 분야로 주제를 잡고 영상을 만드는 실력이 지속해서 늘어날 것이다. 그러다 보면 어느덧 그 분야에 있어 나름 잘나가는 자신을 발견하게 될 것이다.

좋아하는 일, 취미 활동을 꾸준히 하다 보면 자기 일과 연결할 수 있는 접점을 발견하게 된다. 이게 바로 자신의 인생 2막이 되는 것이다.

혼자서 하기가 벅차다면 취미를 함께할 수 있는 사람을 찾아서 같이 해 보자. 다양한 아이디어를 얻기도 하고 꾸준히 지속할 힘이 되기도 한다.

## ☆ 지금 나에게 간절함이 있는가?

나는 둘째 아이를 출산하고 육아휴직에 들어갔다. 출산 휴가 3개월과 육아휴직 1년의 세월 동안 두 아이에게 온 힘을 다했다. 내가 아이들과 온전히 함께할 수 있는 시간이 이때뿐이라고 생각하니 더 간절했다.

복직 후 나는 조직형 인간으로 다시 맞춰졌다. 회사에 출근

하면 엄마라는 신분을 잊었다. 워킹맘에서 '맘'자를 빼고 일을
해야 살아남을 수 있었다. 육아휴직을 다녀오면 '저 사람은 육
아휴직을 한 사람'이라는 보이지 않는 주홍글씨가 내 이마에
새겨져 있는 듯 그 이미지를 벗어나기 위해 부단히 노력해야
한다. 왜냐하면 그것은 바로 내 평가와도 이어지고, 평가는 승
진과 연결되기 때문이다.

승진을 꼭 해야 하나? 두 아이를 떼 놓고 출근을 하면서 나
는 많은 것을 내려놓았다. 굳이 승진하지 않아도 내가 꾸준히
일할 곳만 있으면 된다고 생각했다. 치열한 경쟁을 뚫고 이겨
낼 자신도 없었다.

동기의 승진까지는 괜찮았다. 그런데 한 해, 두 해… 후배들
이 내 상사가 되면서 승진하고 안 하고의 문제는 다른 게 아니
라 내 자존심의 문제라는 것을 깨닫게 되었다. 만년 대리로 버
틸 수는 있지만, 후배에게 상사 대접을 해야 하는 상황은 버틸
수 없었다. 시간이 지날수록 내 자존감은 바닥까지 추락했다.

당장 그만둘 것이 아니면 어떻게든 버텨내야 했기에 출근해
서는 후배에게 '님'을 붙여가며 뻔뻔해졌고, 동기에게 보고해야
하는 상황에서도 나는 점점 겉과 속이 다른 사람이 되어갔다.
회사에서는 웃으며 지냈지만, 퇴근길부터 집에 도착하면 우울
함이 몰려왔다.

'언제까지 이렇게 살아야 할까?'라는 의문을 매일같이 달고 살았다.

내가 계속 이렇게 살아야 하는 이유 단 하나, 바로 돈 때문이었다. 하지만 이상했다. 긴 시간을 돈 때문에 버티고 있었는데 시간이 지나도 돈 문제는 사라지지 않았다. 앞으로 회사에 남아 있다 하더라도 상황이 지금과 크게 달라지지 않을 것 같았다.

바닥까지 추락한 내 자존심을 회복해야 했다. 하지만 무방비 상태로 회사를 나갈 수는 없었다. 이 조직에서 내 젊은 인생을 다 보냈는데, 억울했다. 보란 듯이 잘돼서 당당하게 나가고 싶었다.

## ☆ 나의 간절함은 어디에서 나왔나?

### # 이 조직에 내가 승산을 걸 수 있나?

내가 이 조직에서 임원을 단다는 보장이 있으면 어떻게든 버텼을 것이다. 그러나 하다못해 차장, 부장 달기도 힘든 상황에서 임원이 된다는 것은 하늘의 별 따기다. 그럼에도 불구하고 이런 곳에 나의 모든 것을 걸어야 한다니, 그것은 너무 큰 대가라고 생각했다.

내가 조직에서 A급 인재로 인정받고 있고, 이 회사에서 미래에 대한 어느 정도 확신이 있다면 모르겠지만 그런 인재는 능력만으로 되지 않고, 또 그렇게 되기 위해 발버둥 치고 싶지도 않았다.

## # 아이들과 함께하는 시간

아이들의 사랑스러운 순간을 함께하지 못하는 현실, 아이들이 초등학교에 가더라도 우리 부부의 교육관대로 사교육 없이 배움의 즐거움을 알게 해 주고 싶은데 어쩔 수 없이 학원에 보내야 하는 현실이 다가오는 것이 싫었다.

내가 우리 아이들과 함께할 수 있는 것들은 지천으로 널렸다. 그런데 하루의 절반 이상을 회사에 묶여 있기 때문에 그것을 누릴 수 없었다. 나는 아이들에게 사교육을 시키지 않는 대신 그 돈을 모아서 해외에서 한 달 살기를 해보고 싶었다. 해외에 영어를 배우러 가는 것이 아니라 그동안 학원을 보내지 않고 오로지 부모의 노력으로 아이들이 자연스럽게 익힌 영어를 현지에서 직접 사용해 보고 문화를 체험할 수 있도록 하기 위해서였다.

그런데 과연 직장인이 한 달이나 자리를 비우는 게 가능할까? 휴가 한 번 가는 것도 남들 다 가는 극성수기에 비싼 돈 주고 사람 구경하러 가는 경우가 대부분인데 말이다.

## # 내 건강을 챙겨야 할 때

젊을 때는 아파도 회복이 빨랐다. 쉽게 아프지 않고, 약을 먹어도 효과가 금방 나타났다. 그런데 두 아이를 낳고 쉬지 않고 일하다 보니 잦은 스트레스와 피로 누적으로 내 체력이 점점 바닥났다.

평일 5일 동안 긴장한 상태로 회사에서 버티면 주말이 되자마자 긴장이 풀어지면서 몸 이곳저곳이 어김없이 아파 왔다. 누가 나를 마구 친 것처럼 온몸이 아팠다. 어느 날은 신랑에게 내가 자고 있을 때 나를 때렸냐고 묻기까지 했다. 내 체력이 받쳐 주지 않으니 점점 신경이 날카로워지고 아이들, 신랑에게 참지 못하고 짜증을 내는 날이 많아졌다. 오래간만에 잠을 푹 잔 날은 한없이 천사 같았고 말이다.

이제껏 달려오기만 한 나에게 이제 휴식이 필요한 때라고 생각했다. 내 건강도 챙기면서 이제 좀 쉬고 싶다는 생각이 간절하게 들었다.

이런 간절함은 퇴근 후 인생 2막을 준비하는 나를 움직이는 동력이 되었다. 내가 좋아하는 것이었기에 지치지 않고 간절함이 있었기에 더욱 속도가 빨라졌다.

## ☆ 다른 사람을 의식하지 않고 나로 살아가기

어릴 때 나는 어른들이 내게 질문하면 엄마 뒤에 숨어버릴 정도로 소극적인 아이였다. 이러한 성격은 학창 시절부터 회사 생활을 할 때까지 계속 이어져 내 의견을 말하기보다 다른 사람의 의견을 따르는 것이 편했고, 내 생각을 이야기하는 데 두려움이 있었다.

심지어 점심시간에 먹을 메뉴 하나 정하는 것도 누가 나에게 물어볼까 봐 미리부터 걱정이 앞섰고, 메뉴를 선택할 때도 내 의견보다 가장 대중적이고 무난한 것으로 대답했다.

'내가 얘기한 대로 해서 잘못되면 어쩌지?' 이런 생각들이 나를 괴롭혔고, 모든 것이 나의 탓인 양 내가 선택한 상황이 마무리될 때까지 줄곧 긴장한 상태로 있어야 했다.

사람들과 대화할 때도 주위 사람들을 의식하느라 내 머릿속은 오만가지 생각으로 복잡했다. 내 머릿속에는 그 상황에서 할 이야기가 주르륵 나열되어 있었지만 정작 입 밖으로 꺼내는 경우는 드물었다.

말을 아끼는 게 미덕이라 생각하고 자신을 위안했다. '말을 많이 해 봤자 실수만 하고 한 번 뱉은 말은 주워 담을 수 없지 않은가! 저 사람은 언젠가 말로 실수해서 피해를 보게 될 거야'

이런 생각을 했다.

그런데 이상했다. 시간이 지날수록 나는 자꾸만 가라앉고 있다는 느낌이 들고, 말이 많던 그 사람은 자신감 있고, 리더십이 있는 사람으로 포장되어 인정을 받고 있었다. 억울했지만 인정할 수밖에 없었다. 나 자신을 꼭꼭 숨기고 있었으니 다른 사람들이 나를 알아보지 못한 건 당연한 일이었다.

내 성격의 단점을 극복하기 위해 노력했으나, 뛰는 놈 위에 나는 놈이 있다고 나는 아무리 노력해도 그들에 비하면 걸음마 수준에 불과했다. 시간이 지날수록 내 마음속에는 억울함만 커졌다.

주임, 대리일 때는 그래도 조직에서 버틸 만했다. 업무를 배우고 자기 일만 착실하게 해내면 되었기 때문이다. 그런데 위로 갈수록 조직이라는 게 그렇지 않았다. 어떻게든 나 자신을 내세워야 경쟁을 뚫고 올라갈 수 있는데 그런 것은 나 같은 성격의 사람에게는 치명적인 약점이었다. 나의 약점을 최대한 숨기려고 당당하게 행동했지만, 나에게는 매일매일 불편한 상황의 연속이었다.

갈수록 경쟁이 치열해지는 곳. 겉으로는 신사적으로, 원만하게 소통하는 것처럼 보여도 결국에는 조직이란 곳은 개인의 이기적인 속내를 숨기고 철저히 자기 방어벽을 치며 치밀한 계산하에 움직이는 곳이다.

나는 자꾸만 경쟁을 부추기는 듯한 분위기, 치열한 경쟁의 소굴 속에서 인간관계에 회의를 느꼈고, 계속 이렇게 살아야 한다고 생각하니 '과연 언제까지 버틸 수 있을까?' 이런 고민을 하게 되었다.

그런데 매사에 다른 사람을 의식하느라 나 자신을 꽁꽁 숨겨왔던 내가 좋아하는 일, 열정적으로 할 수 있는 일을 찾아가는 과정을 통해 조금씩 변하기 시작했다. 내가 좋아하는 일을 할 때는 다른 사람을 의식할 필요가 없었고, 시간이 쌓일수록 나만의 전문 분야가 되었다.

나는 주변 사람들과 달라지기 시작했고, 무엇보다 나의 의견을 내는 데 있어 자신 있고 당당해졌다.

## ☆ 엄마의 자존감 회복

연달아 승진에서 누락되고 괴로움이 극에 달했을 때는 하나님을 원망했다. 왜 자꾸 이런 시련을 주는지 말이다. 나는 열심히 노력하고 최선을 다했는데 나에게만 자꾸 안 좋은 일이 생기는 것 같았다.

하지만 만약 현실에 불만을 품은 채 아무것도 하지 않았다면 나는 지금쯤 어떻게 되었을까? 생각만 해도 아찔하다. 회사를 그만두지는 못하고 시간이 지날수록 회사에 더욱더 매달리며 괴로운 하루를 보내고 있었을 것이다.

"고통은 쓰고 인내는 달다."는 말은 맞는 말이다. 나는 요즘 고통의 끝에서 맛보는 달콤한 인내를 마음껏 누리고 있다. 나는 지금까지 엄마 역할에 최선을 다했다. 육아에 있어 여전히 여성의 역할과 희생이 큰 것은 사실이나 그로 인해 우리 아이들이 건강하게 크고 잘 성장하지 않았나? 그러면 된 거다. 그렇다면 이제는 엄마의 자존감을 회복할 시간이다.

인생 2막을 준비하는 것의 장점은 자신이 좋아하는 것을 찾아서 시작하는 것만으로도 하루가 달라지고 매일매일 달라지는 것을 느낄 수 있다는 점이다. 그리고 인생 2막의 완성도가 높아질수록 엄마의 자존감도 함께 올라간다.

### # 하루도 빠짐없이 나를 갈고 닦은 퇴근 후의 시간

소심했던 나, 사람들 앞에서 말하기를 주저했던 나는 인생 2막을 시작하는 시점을 계기로 변하게 된다. 나를 갈고 닦는 시간이 꾸준히 계속되면서 조금씩 변해갔다. 세상을 바라보는 시각이 변했고, 모든 것에 호기심을 갖고 바라보게 되었다.

예전의 나는 이렇지 않았다. 호기심은 어린아이들에게나 있

워킹맘, 회사를 그만두고 캐나다로 미니은퇴를 떠나다

는 것으로 생각했다. '하면 된다'는 것은 어린아이들에게나 하는 교육이라고 생각했다. 그런데 내가 주도적으로 뭔가를 해야겠다는 생각이 들면서 내 사고는 다양하게 뿌리를 내리기 시작했다. 관심 분야가 점점 다양해지고 알고 싶은 것이 많아지면서 나의 지식 분야도 넓어졌다. 기존의 고정관념을 깨고 생각하기 시작했다.

이제 나는 보통의 사람들과 조금은 다른 사람이 되었다.

대부분의 사람은 퇴근하면 TV를 보거나 핸드폰으로 인터넷 서핑을 하다 잠들고 다음 날 또 출근하는 패턴의 연속이겠지만, 나는 더 이상 그렇게 행동하지 않는다. 한번 몸에 밴 습관은 마치 나의 일부와 같아서 발전적인 행동들이 오히려 더 자연스럽고, 지속해서 나에게 긍정적인 효과를 주게 된다.

'아. 특별해지는 것이 그다지 어려운 것은 아니구나'

대부분의 사람이 똑같이 살아가기 때문에 거기서 내가 조금만 더 노력하면 되고, 조금만 더 실천하면 되는 것이었다. 결국에는 나의 자존감도 나 자신의 만족감에서 나오는 것이었다. 내가 남들과는 다르게 살고 있고, 내 인생을 스스로 꾸려가고 있다는 느낌. 이 모든 것들이 동반되어 나의 자존감은 함께 올라갔다.

대화에서도 차이가 났다. 대부분의 사람은 모이면 가십거리,

연예인 관련 기사 등에 관해 대화하지만, 나는 여전히 이런 분야에서는 말을 아끼고, 그다지 할 말도 없는 편이다. 하지만 그 외의 분야에서는 내 의견을 내세울 수 있을 정도로 많은 발전이 있었다. 다름 아닌 꾸준한 배움과 노력의 힘 덕분이다.

대부분의 사람은 시간이 지날수록 회사에 매달리게 된다. 한때 내가 그랬던 것처럼. 그 이유는 회사를 그만두고 나가도 마땅히 할 수 있는 게 없기 때문이다. 하지만 누구도 그만두고 무엇을 하고 살지 걱정만 하고 실제로 다른 방법을 준비하지는 않는다.

그 속에서 내가 당당할 수 있었던 이유는 당장은 할 수 있는 것이 없지만 계속 준비하고 있고 준비가 어느 정도 되면 나갈 수 있다는 생각 때문이었다. 비록 그들이 지금은 아무리 잘나간다 해도 하나도 부럽지 않았다. 어차피 조직에서는 위로 올라가는 문은 좁아질 것이고 분명 한계가 있다. 지금은 내가 머물러 있고 뒤처지는 것처럼 보여도 나는 그들과 다르다는 사실, 이것 하나만으로도 힘든 조직 생활을 버틸 수 있는 큰 버팀목이 되었다.

나는 이렇게 점점 나의 자존감을 회복해 나갔고, 이는 조직 생활에서 나의 태도의 변화에도 큰 영향을 미쳤다. 나는 필요한 순간에 나의 의견을 피력했고, 이것은 윗사람들에게도 설득

력 있는 의견으로 받아들여졌다. 조직에서 나의 이미지는 점점 긍정적으로 바뀌어 갔다.

회사에 다니며 인생 2막을 준비하는 것의 장점 중 또 하나는 내가 하고자 하는 것을 더욱 완성도 있게 준비할 수 있다는 것이다. 회사에 다닐 때는 내가 담당하는 일만 잘하면 되지만 회사를 벗어나면 그렇지가 않다. 마케팅, 홍보, 재무, 인사 등 전반적인 부분에 대한 이해가 필요하고 전략적으로 준비해야 한다.

내 일을 준비하는 과정에서 어떤 것이 필요한지 알게 되고 회사를 통해 부족한 부분을 배우고 보완할 수 있는 기회가 된다. 그래야 시행착오를 줄일 수 있고, 정 아니라고 생각했을 때 다른 것을 시도하거나 이도 저도 아니면 다시 회사로 돌아가 충성을 다할 수 있는 것이다.

그래서 지금 회사 생활을 하며 시간을 허송세월을 보내고 있거나, 언제까지 나는 잘나갈 거라는 생각에 아무런 준비를 하고 있지 않다면 현실을 직시하고 미래를 준비해야 한다는 조언을 해 주고 싶다. 일단 밖에 나가면 나라는 브랜드와의 싸움이 펼쳐지기 때문이다.

내가 인생 2막을 준비하면서 내 주변 상황은 하나도 변한 게 없었지만, 그럼에도 불구하고 나는 내 인생의 변화를 실감하게 되었다. 나 자신이 당당하고 떳떳해지니 주변 상황은 그다지

문제가 되는 것이 아니었다. 이렇게 나의 자존감은 점차 회복
되기 시작했다.

# 3

내 삶이
변하기 시작한 순간

회사에 다니기 시작한 뒤, 언제부턴가 즐겁고 행복하다는 생각보다 괴롭고 힘들다는 생각이 나를 지배해 왔다. 하루하루가 힘들었지만 싫고 괴로운 상황을 당연히 감내해야 한다고 생각했다. 회사를 그만두면 큰일이 나는 줄 알았고, 인생을 즐기며 사는 것은 사치이자 아이들에게 못된 부모가 되는 듯한 느낌이 들었다.

워킹맘, 회사를 그만두고 캐나다로 미니은퇴를 떠나다

일본의 호스피스 전문의 오츠 슈이치가 쓴 『죽을 때 후회하는 스물다섯 가지』라는 책에는 죽음을 앞둔 호스피스 병동 환자들이 가장 많이 후회하는 것이 무엇이었는지가 나온다.

'사랑하는 사람에게 고맙다는 말을 많이 했더라면', '진짜 하고 싶은 일을 했더라면', '조금만 더 겸손했더라면', '죽도록 일만 하지 않았더라면', '맛있는 음식을 많이 맛보았더라면' 등 평범하고 쉬운 것들이 대부분이다.

죽음 앞에서는 삶이 좀 더 명확하게 보인다는 말도 있듯이, 삶의 끝을 앞둔 이들에게는 진짜 소중하고 중요한 것이 더 또렷하게 보이는 모양이다. 그럼에도 불구하고 눈앞의 이익, 부와 명예, 사람들의 이목을 신경 쓰느라 정작 소중한 것들을 놓치고 사는 경우가 너무나 많다. 땀 흘려 돈을 벌어 집을 사는 일 등은 모두 결국 사랑하는 가족과 친구들을 더 많이 사랑하고, 무엇이 되었든 간에 좋아하는 일을 더 자주, 오래 즐기기 위한 수단인데 말이다.

* 출처: 『죽을 때 후회하는 스물다섯 가지』(오츠 슈이치 저) 인용

옛사람들의 말이 고리타분하게 들릴 수도 있지만, 동서고금을 막론하고 변하지 않는 진리가 있다. 우리가 아직 살아보지 않은 인생, 그리고 그 길을 먼저 다녀간 사람들의 이야기를 듣는 것은 우리에게 커다란 메시지를 남긴다. 과연 어떻게 살아야 할까?

## ☆ 미래를 준비하는 사람 vs 현실에 불만만 품는 사람

'회사를 그만두어도 일은 계속하고 싶은데 무엇을 하지?' 나는 이 고민을 가장 많이 했다. 막상 회사를 그만두려고 하니 내가 잘할 수 있는 게 무엇인지, 내가 좋아하는 일이 무엇인지조차 모른다는 것을 깨달았다. 대학을 졸업하고 바로 취업하면서 나는 이 조직에 필요한 사람으로 세팅되었기 때문에 이곳을 벗어나면 당장 할 수 있는 것이 없는 것처럼 느껴졌다.

'목적도 없이 너무 앞만 보고 달려왔구나'

처음에는 나를 위로할 수 있는 책을 많이 읽었다. 그리고 조금씩 용기를 얻었다. 그리고 다른 사람이 아닌 나에게 집중하기 시작했다.

다음의 세 가지를 나 자신에게 물어보았다.

- **첫째, 내가 좋아하는 것은 무엇인가?**
- **둘째, 내가 잘할 수 있는 것은 무엇인가?**
- **셋째, 내가 꾸준히 할 수 있는 것은 무엇인가?**

몇 달에 거쳐 나를 알아가는 시간을 가졌다. 다양한 분야의 책을 읽고 해 보고 싶었던 것이 생기면 미루지 않고 바로 해 보아야 직성이 풀렸다. 그런데 무언가 새로운 것을 하면 할수록 나의 고뇌는 더욱 깊어졌다.

지금 시작한다고 해서 될까? 이미 그 분야에 자리 잡고 있는 사람들이 수두룩한데 말이다. 그럴수록 내가 잘할 수 있는 것, 내가 다른 사람보다 뛰어난 점에 집중해야 했다.

우리 부부는 결혼 준비를 할 때 남들이 다 하는 예물을 하나도 하지 않았다. 나중에 돈을 많이 모으면 그때 예물을 하기로 하고, 일단 가진 돈을 다 끌어모아 대출을 끼고 서울의 작은 아파트에서 신혼 생활을 시작했다.

결혼 생활의 시작은 쉽지 않았지만, 신혼 때부터 재테크 서적을 읽거나 강연을 찾아서 들었고, 부부가 함께 쉬는 날에는 부동산 임장을 다녔다. 남들과 다르게 움직인 덕분에 시간이 지날수록 우리의 자산은 점점 불어났고, '결혼 6년 만에 17개의 부동산 소유'라는 쉽지 않은 성과에 도달했다. 쉬는 날 신랑과 함께 평소에 봐 두었던 집을 보러 가는 것은 나에게 즐거운 일이었다.

'그래! 이게 바로 내가 좋아하고 잘할 수 있는 분야 중 하나구나!'

그동안 나는 재테크에 관심은 많았지만, 경제와 밀접한 관련이 있는 금리, 환율 같은 내용이 나오면 귀를 닫아 버리기 일쑤였다. 그런 부분은 신랑에게 일임하고 나는 주로 같이 집을 보러 다니는 데만 흥미가 있었다.

내가 회사를 그만두고 할 수 있는 것으로 일단 부동산 투자라는 항목을 하나 선정했다. 그러고 나니 그동안 별다른 관심이 없던 기사들도 머릿속에 와 닿기 시작했다. 회사를 그만둬야 한다는 간절함이 나를 더 부추겼던 점도 있었다. 하지만 부동산 투자만을 전업으로 하자니 고정적으로 수입이 들어오는 것도 아니고, 경제 상황에 따라 여러 변수가 존재하기 때문에 꾸준히 수입이 들어올 수 있는 다른 무언가가 필요했다.

나는 그때부터 온·오프라인 서점을 수시로 들락날락하며 경제·경영, 창업과 관련된 분야의 책을 모조리 읽고, 새로 나오는 신간 서적도 단번에 읽었다. 책을 읽으며 에어비앤비(Airbnb)부터 시작해서 카페 창업, 옷 가게 등 여기저기를 기웃거렸다.

회사를 그만둘 수 있다고 생각하니 뭐든 잘할 수 있을 것 같았다. 자신감이 충만했다. 주말에는 카페를 하는 지인을 찾아가 이야기를 들어 보기도 하고, 부동산에 전화를 걸어 상가 임대료를 물어보기도 했다. 그리고 어떻게 운영할지 사업계획서를 작성해 보았다.

사업계획서를 작성하는 이유는 막연한 환상만 갖고 일을 시작해서는 안 되기 때문이다. 내 일을 하는 것도 중요하지만 돈을 버는 장사여야 했고, 그동안 고생해서 모은 돈을 내가 잘못해서 날려버릴 수도 있다는 사실을 직시해야 했다.

결론은 암울했다. 고정비용을 줄여가면서까지 손익을 맞춰 보려고 했으나 이대로 가다가는 고생은 고생대로 하고 이익은 남지 않는 장사가 될 것이 뻔했다. 결국 그냥 조직에 남는 것이 더 낫다는 결론이 도출되었다.

'도대체 무엇을 하고 살아야 할까? 회사를 그만두고 싶은데, 정말 방법이 없는 것일까?'

하지만 이대로 포기할 수는 없었다. 후배들에게 자존심을 구겨 가며 회사에 계속 나가야 하는 상황은 나의 오기를 더욱 부추겼다. 하루에도 몇 번씩 사표를 내던지고 싶은 상황이 찾아왔지만 '나는 지금 준비를 하고 있고, 나가서 더 잘될 것이다'라는 믿음을 가지고 버텨냈다. 또다시 나를 찾는 항해가 계속되었다.

회사에 다니며 이런 시간을 가질 수 있다는 것은 대단히 큰 장점이다. 월급을 꼬박꼬박 받으며 내 미래를 준비할 수 있기 때문이다. 월급도 월급이지만, 회사를 그만두고 나서 일을 찾으려고 하면 심리적인 조급함 때문에 섣부른 결정을 내리기 쉽다. 직장인이라면 그만두기 전에 반드시 충분한 준비와 검토 과정을 거치길 바란다.

또다시 내가 잘하는 것을 찾으려고 하니 마땅히 생각나는 게 없었다. 그러다 나의 일상을 돌아보게 되었다. 남들 다 하는 육아지만 나는 육아만큼은 자신이 있었다. 나에게는 남다른 육아법이 있었기 때문이다.

나는 워킹맘이지만 두 아이를 사교육 한 번 없이 책육아로 키우고 있다. 나는 둘째 아이를 출산하고 육아휴직에 들어간 뒤, 두 아이를 어린이집을 보내지 않고 책을 좋아하는 아이로 키우기 위해 1년 3개월 동안 전략적인 책육아에 돌입했다.

아이들의 관심사에 맞춘 책을 중고로 사들이고 한 권을 읽더라도 동화 구연을 하듯 최선을 다해 아이에게 읽어 주었다. 아이들에게 책을 읽으라고 강요하지 않고, 내가 소리 내어 읽으면 아이들이 내 옆에 쪼르르 달라붙어 어느새 나의 이야기를 듣고 있었다. 한글책과 영어책 가리지 않고 단어부터 시작해서 문장으로 글 밥을 늘려가며 읽어주었고, 집에서는 하루한 시간 영어 DVD를 시청하는 것 이외에는 아예 TV를 보지 않았다.

육아휴직 기간에 첫째 아이는 책의 바다에 빠져 새벽 2~3시까지 책을 읽었다. 몸은 힘들었지만 참으로 보람되고 뿌듯한 순간이었다. 나는 복직한 후에도 책육아를 이어 가기 위해 퇴근 후 베드타임 스토리를 단 하루도 빠지지 않고 해 오고 있다. 아이의 중요한 시기를 놓치지 않으면서 책을 통해 배움의 즐거움을 깨닫게 해 주고 놀이를 통해 자기 주도적이고 행복한 아이로 키우고 싶었다. 책과 놀이로 일상이 채워진 우리 아이들은 누구보다 행복하게 성장했고, 영어 또한 책과 DVD로 재미있게 접하면서 두 아이가 자연스럽게 영어로 대화하게 되었다.

이렇듯 나는 육아만큼은 그 누구보다 자신 있었고 내 아이에 있어서는 내가 전문가였다. 나의 육아 비법은 회사에도 알려져 후배들도 나에게 상담을 요청했다. 나는 그들에게 육아 선배로서 나의 방법을 공유하고, 조언해 주게 되었다. 내가 잘하는 것을 멀리서 찾으려 하기보다 지금의 일상에서 찾는 것도 좋은 방법이었다.

'그래. 내가 잘하는 재테크와 육아 두 가지를 한번 책으로 엮어 보자'

이렇게 우리 부부는 함께 책을 쓰기로 결심했다. 이 두 가지 분야에서는 우리의 실력을 자부할 수 있었고, 책을 펴내어 베스트셀러가 되겠다는 욕심보다는 인생 2막의 시작을 위한 발판으로 생각하면서 지금까지 해 온 과정을 글로 정리했다.

퇴근 후 짬짬이 원고를 써서 마침내 우리 부부의 노력이 책으로 결실을 보게 되었다. 그 순간은 이루 말할 수 없을 정도로 감격스럽고 기뻤다. 책은 출간되기까지의 과정도 중요하지만, 우리 부부는 출간 이후 저자의 홍보와 마케팅이 중요하다는 것을 깨닫고 우리 부부가 펴낸 책을 알리기 위해 노력했다. 예전에는 거들떠보지도 않았던 블로그를 난생처음으로 만들고, 책의 홍보를 위해 온라인 홍보물을 직접 제작했다. 그리고 책과 연계해서 할 수 있는 다양한 채널(오디오 클립, 유튜브, 네이버 TV 등)을 개설하고 하나씩 준비해 나갔다. (이 책의 뒤에서 구체적인 이야기를 다시 다루고자 한다)

네이버 블로그를 만들었으나 무엇을 어디서부터 시작해야 할지 막막했다. 파워 블로거들이 넘쳐나는데 지금 블로그를 시작해서 얼마나 성장시킬 수 있을지 의문이었다. 하지만 나는 나 자신을 믿었다. 10년이 넘는 직장 생활의 경험이 결코 헛된 것이 아님을 말이다. 기획력, 문서 작성도 자신이 있었고, 또한 유튜브 동영상 제작을 한 번도 해 본 적은 없지만 매일 컴퓨터로 업무를 하는 나에게는 이 또한 전혀 두려움의 대상이 아니었다. 그리고 가장 중요한 것은 재테크와 워킹맘 육아에 있어서 나만의 독보적인 콘텐츠를 갖고 있다는 것이었다.

모든 분야는 끊임없이 변화한다. 새로운 기술이 접목되기도 하고, 트렌드가 바뀌기도 한다. 그래서 기존에 하던 대로만 해서는 살아남을 수가 없다. 이것은 다르게 말하면 아직은 후발 주자에게도 기회가 있다는 말이기도 하다.

이미 그 분야에 자리 잡고 있는 사람이 일을 단순히 일로만 대하고 있다면 내가 들어갈 수 있는 여지가 있는 것이다. 나는 열정이 있고 그 일을 좋아하니까. 다만 그들보다 배로 노력해야 한다는 것은 말할 필요도 없는 사실이다.

직장을 다니다 보니 막상 내 시간이 별로 없었다. 퇴근하고 집에 돌아오면 밤 9시에서 10시쯤이었고, 아이들을 재운 뒤 다음날 식사 거리를 준비하면 밤 11시가 다 되었다. 그러나 회사를 그만둬야 한다는 간절함이 있었고, 모든 것을 내가 주도적으로 하기 시작하면서부터 시간과 피곤함 따위는 문제가 되지 않았다. 피곤함에 찌들어 퇴근했지만 내 일을 시작하는 순간, 그 어느 때보다도 에너지가 샘솟았다.

회사 생활을 하다 보면 조직에 불만을 가진 사람들이 상당히 많다. 누구나 완벽히 만족하며 회사에 다니는 사람은 없으니 당연한 일이다. 하지만 아무런 준비도 하지 않으면서 불만만 입에 달고 사는 사람들은 이해할 수 없다. 불만을 느끼고 매사에 부정적인 사람은 조직에서 자신의 평판도 안 좋을뿐더러 개인에게도 이로울 게 하나도 없다.

그 시기는 인생 2막을 준비하면서 내 인생에서 고민을 가장 많이 했던 시간이었다. 퇴근하고 하루 2시간씩 꼬박 글쓰기를 하며 앞으로 무엇을 하고 살지에 대한 고민이 계속되었다. 잠을 자는 시간이 아까워서 새벽 4시 반에 일어나서 책을 읽는 시간을 일부러 확보하기도 했다.

여전히 회사를 그만두고 무엇을 할지, 이게 맞는 방향인지에 대한 불안함은 가시지 않았지만, 무언가를 준비하는 것만으로도 나의 일상은 나날이 풍요로워지고, 만족감은 더욱 높아졌다. 지금은 가끔 보던 TV도 아예 끊고 거실에 있는 큰 테이블에서 부부가 서로 마주 보고 앉아 미래를 준비하는 시간으로 온전히 내 시간을 채운다.

## ☆ 엄마의 인생 개조 프로젝트

나는 처음부터 거창한 것을 시도하지는 않았다. 내가 좋아하는 것부터 시작해서 이것도 해 보고 저것도 해 보면서 아니라고 생각되는 것은 과감하게 쳐 냈다. 그리고 좋아하는 것에 더 집중하고 많은 시간을 할당하다 보면 그 속에서 다양한 아이디어가 샘솟았다. 내가 이렇게 아이디어가 풍부한 사람이었나? 또 다른 나의 발견이었다. 점점 다양한 길이 보이고 그 분야에서 내가 할 수 있는 것들이 늘어나기 시작했다. 행복한 인생을 그토록 원했는데, 이렇게 쉽게 시작할 수 있다니 그동안 헛되이 보낸 시간이 아깝게 느껴졌다.

일단 작은 목표에서 시작해서 큰 목표로 확대해 보자.

---

**# 1단계: 1주일 프로젝트**

- 주말을 제외한 평일 5일간의 목표를 세운다. 거창하고 오래 걸리는 것보다는 짧은 시간이라도 매일 할 수 있는 목표를 세운다.

- 목표/기간: 『하루를 살더라도 후회 없이 살고 싶다』 책 읽기/'18. 7. 1~5, 퇴근 후 저녁 10~11시.

이때도 단순히 '책 읽기'라는 목표보다는 일단 서점에 가서 책을 쭉 훑어보고 자신이 이번 주에 읽고자 하는 책을 두세 권 골라 구체적인 목표를 세우도록 하자. 처음부터 어려운 책을 고르지 말고, 흥미 있고 단번에 읽을 수 있는 책으로 정한다.

지금 나는 거창한 목표를 이루는 것보다 내면의 소리를 들으며 소소한 것에서 시작해서 점점 목표를 키워나가는 것이 중요하다.

---

**# 2단계: 1개월 프로젝트**

- 그동안 배워 보고 싶었던 것, 해 보고 싶었던 것을 하나 선정하여 1개월 동안 꾸준히 배워 보자. 지금 내가 하는 일과 전혀 관련이 없더라도 상관없다. 다만 내가 좋아하고 열정적으로 배울 수 있는 것이어야 한다. 그런 취미를 찾았다면 어떻게 배울지를 생각한다. 온라인 강의가 좋을지, 오프라인 학원에 다닐지 등이다.
- 목표/기간: 캘리그래피(calligraphy) 배우기/'18. 8. 1~8. 31, 평일 온라인/주말 오프라인 강좌.

---

누군가는 그런데 쓸 돈이 어디 있냐고 반문할 수 있지만, 지금 내가 하는 활동은 비용이 아니라 투자다. 그만큼 하나라도

워킹맘, 회사를 그만두고 캐나다로 미니은퇴를 떠나다

더 많이 배우기 위해 노력해야 한다. 또한, 돈이 들어간 만큼 취미가 단순히 취미로만 그치지 않고 나의 영역을 확장할 수 있도록 끊임없이 연구해야 한다.

요즘에는 무료 유튜브 강의도 많아서 꼭 돈을 들이지 않고도 배울 수 있는 기회가 많으니 참 좋은 세상이라는 생각이 든다.

나는 취미 활동으로 수채화 캘리그래피를 하기로 했다. 일단은 내가 열정적으로 배우고 싶었고, 나만의 감정을 글씨로 남기고 싶다는 열망이 가득했기 때문이다. 그리고 단순히 글씨만 쓰기보다는 글씨와 함께 수채화로 그림을 그려 넣어 내 안의 감성적인 부분을 더 풍부하게 표현하고 싶었다.

처음 시작할 때는 단순히 나에게 초점을 맞췄다. 그날그날 나의 감정을 캘리그래피로 연습해서 표현했다. 한두 달의 시간이 지나며 캘리그래피가 점점 내 삶 속에 스며들기 시작했다. 일부러 아이디어를 끄집어내려고 하지 않아도 나도 모르게 좋은 아이디어가 불현듯 떠오르기 시작했다.

그 당시 나는 캐나다로 미니은퇴를 떠날 계획을 세우고 있었다(이것 또한 인생 2막을 준비하는 과정을 통해 실행하게 된 프로젝트다). '캐나다에 가면 다양한 장소에서 내 감정에 맞춰 이것을 캘리그래피로 표현하면 어떨까?'라는 생각이 들었다. 이것은 외국인들의 관심을 끌 만한 소재였다. 또한, 캐나다에 가서 친구들을 만드는 데도 유용하게 쓰일 것 같았다. 그래서 캘리그래피로 한국적인 작품을 만들어서 그들에게 선물하기로 계획했다.

내가 계획한 것들과 연계해서 수업을 받으니 선생님께 하나라도 더 물어보고 많은 것을 얻어갈 수 있었고 한 번 수업을 들으면 집에 가기 싫을 정도로 수업에 열중하게 되었다.

이렇듯 하나를 하더라도 다양하게 발전시켜 나갈 생각을 하며 준비하는 것이 좋다. 같은 일을 하더라도 더 창의적이고 새롭게 할 수 있는 이유이기도 하고 그것이 나를 시장에서 차별화할 수 있는 요소가 된다. 우리는 후발주자이기 때문에 꼭 필요한 부분이다.

나만의 요리 개발하기, 가죽 공예 배우기, 유튜브 영상 제작하기 등 단지 1개월이라도 우리가 할 수 있는 것들은 무수히 많다.

최근 배우기 시작한 캘리그라피 작품

**# 3단계: 6개월 프로젝트**

- 내가 좋아하고 꾸준히 할 수 있는 일을 찾아 틈틈이 고민하

  고 준비했다면 그 일과 관련하여 사업계획서를 작성해 보자.

- 목표/기간: 사업계획서 작성하기/'18. 1. 1~6. 30.

무작정 '치킨집이나 창업할까?' 아니면 '편의점이나 해 볼까?'
라는 식으로 쉽게 생각하고 사업에 뛰어들면 그동안 모은 돈
을 한순간에 날려버릴 수 있고, 돈을 벌기는커녕 고생만 하다
가 그만두게 될 수도 있다.

그래서 예측 가능한 모든 상황을 나열하고 반드시 사전에 충
분한 준비를 해야 한다. 일단 투자금이 얼마나 드는지, 투자금을

회수하는 데 얼마만큼의 시간이 소요되는지, 총비용에서 고정비가 얼마나 차지하는지, 월 순익이 얼마인지 꼼꼼하게 따져 봐야 한다.

막상 사업계획서를 준비해 보면 자신이 예상했던 것과 달리 결론이 좋지 않을 수도 있다. 그래도 미리 따져 봤으니 망정이지 이런 과정이 없었다면 어쩔 뻔했는가! 내가 하려는 분야의 시장 상황을 무작정 좋게만 볼 일이 아니라 냉정하게 판단해야 한다. 시장의 선두주자와 차별화할 수 있는 요소가 있는지, 사업계획서에서 어떤 부분을 보완해야 하는지, 어떤 방법으로 손익구조를 개선할지 등에 대해 생각해 본다.

이 과정에서 우리는 지금 다니고 있는 조직의 도움을 받을 수도 있다. 그동안 내 부서, 내 일만 하고 회사 일에는 크게 관심을 두지 않았던 사람이라도 우리 회사의 재무구조를 상세하게 훑어볼 수 있고 마케팅, 홍보는 어떤 방식으로 하고 있는지 회사 전반에 대해 더 관심을 기울이게 된다.

이렇게 인생 2막 준비를 통해 조직에 대한 이해도도 높아지고, 내가 준비하는 일에서도 많은 도움을 받을 수 있다. 막상 준비하다 보니 내가 생각했던 결론이 나오지 않아 포기해야 하는 경우도 생기지만, 그래도 괜찮다. 나는 여전히 월급을 받으며 회사에 다니고 있고, 아니라고 생각하면 언제든지 수정하고 새로운 일을 찾을 수 있기 때문이다. 조직에 몸을 담고 있을 때 하루라도 빨리 인생 2막을 준비해야 하는 이유가 바로 여기에 있다.

나는 그동안 파워포인트로 작성했던 사업계획서만 몇 개나 된다. 중간에 작성하다 만 계획서도 있고 어느 정도 하다 보니 지금 하는 일보다 더 고생하면서 내 만족도도 떨어질 것 같은 일이라서 그만둔 것도 있다. 이 모든 과정은 끊임없이 나를 알아가고 나를 찾는 과정이었다.

이 과정에서 낙담하고 우울했던 적도 있지만, 나에게는 아직 시간과 여유가 있기에 그 과정을 즐기며 내가 원하는 것이 무엇인지 끊임없이 탐구해 나갈 수 있었다.

## # 내가 원하는 인생을 한 권에 담은 포트폴리오

어릴 때 누구나 한 번쯤 자신의 목표를 책상에 붙여 놓고 공부했던 적이 있을 것이다. 내 의지가 느슨해질까 봐 자극을 받고 더 잘하기 위해 붙여 놓는 것이다. 그런데 하루 이틀까지는 동기 부여가 되지만 같은 글씨도 계속 보면 그 의미가 무뎌진다. 목표를 포스트잇에 붙여 놓는 것으로는 더 이상 아무런 자극이 되지 않는 것이다.

나는 한 달에 한 번, 신간 잡지가 나오면 꼭 훑어본다. 한 장,

한 장 넘기며 나의 로망, 닮고 싶은 이미지, 사고 싶은 것이 나오면 그 이미지를 스크랩해 놓는다. 그리고 '라이프', '비즈니스', '아이디어'라는 세 권의 클리어 파일에 이를 보기 좋게 정리해 놓았다.

이미지는 생각보다 다양하다. 유기농 식재료로 식사하는 일상, 여유롭게 아이들과 뛰어놀거나, 바닷가를 바라보며 디지털 노마드로 사는 모습 등의 이미지가 정리되어 있다.

시간이 지남에 따라 내가 추구하는 이미지가 바뀌기도 하는데, 그럴 때면 내가 추구했던 인생이 어떻게 바뀌어 왔는지 돌아볼 수 있어서 굉장히 흥미롭다. 목표라고 해서 학생 때처럼 훌륭한 사람이 되겠다는 막연한 목표도 아니고 더 이상 지루한 목표도 아니다. 목표를 봤을 때 기분이 좋아지고 설레는 그런 목표다.

클리어 파일을 넘겨볼 때면 내 목표에 더욱 박차를 가하게 되고 조금이라도 그러한 삶과 가깝게 살기 위해 평소에도 노력하게 된다. 내가 원하는 인생을 담은 클리어 파일을 정리하여 언제 어디서나 보기 쉬운 장소에 놓아두자.

워킹맘, 회사를 그만두고 캐나다로 미니은퇴를 떠나다

내가 원하는 인생을 담은 세 권의 클리어 파일

홈 가드닝에 빠져 있는 나는 예쁜 꽃을 보며 책을 읽고 싶고,
캘리그라피를 취미로 즐기며 다른 미술에도 관심이 많아졌다

## ☆ 긍정적인 방향으로 이끄는 삶

나는 위에서 말했던 과정들을 통해 하루하루가 우울했던 삶
에서 설레고 기대되는 인생으로 변하게 되었다. 좋아하는 일,
설레는 일을 시작하니 그 일과 연관된 다른 것들도 하고 싶어

졌다. 자꾸만 하고 싶은 것들이 늘어나서 큰일이다.

좋아하는 사람이 생기면 그 사람에 대해 더 알고 싶어진다. 저 사람은 어디에 살까? 좋아하는 음식이 무엇일까? 그 사람은 어떤 스타일을 좋아할까? 인스타그램도 찾아보고 지인에게 물어보기도 한다. 그 사람에 관해 알아가는 것이 즐겁다. 시키지 않아도 알아서 한다. 갑자기 가슴이 뛴다.

무언가에 빠진다는 것은 이렇게나 무섭다. 엄청난 에너지를 불러일으키고 사람을 변화시킨다. 나는 내가 좋아하는 일을 찾게 되면서 그것을 더 잘할 방법을 생각했고, 하나씩 실행해 나가고 있다.

매일 변화해 가는 나를 느낀다. 육아에 직장 생활까지 병행하기에도 벅차지만, 오히려 시간에 여유가 있었을 때보다 더 뿌듯하고 알차게 하루를 보내고 있다.

우리 부부는 직장 생활을 하면서 두 아이의 육아에 집중했고, 함께 쉬는 날이면 부동산 임장을 다니며 재테크에 끊임없이 관심을 가졌다. 부동산 투자를 하면 할수록 제대로 된 정보가 필요했고, 부동산 중개사의 말을 선별할 수 있어야 했다. 그러려면 우리가 먼저 제대로 알고 있어야 했는데 그 과정에서 신랑은 공인중개사를 준비하기로 마음먹게 되었다.

나는 신랑이 공부하는 동안 출근 전, 퇴근 후의 모든 가사 일을 전담했고, 신랑은 시험까지 남은 4개월의 시간 동안 밤낮으로 잠을 줄여가며 시험을 준비하여 한 번에 합격하는 쾌거를 이루었다. 우리 부부가 공부하거나 글을 쓰고 있으면 우리 아이들도 옆에 앉아서 책을 읽거나 그림을 그린다. 공부하라는 말, 책 좀 읽으라는 말을 굳이 하지 않아도 자기들이 알아서 한다.

## ☆ 퇴근 후 내 인생의 CEO가 되다

나는 내 인생의 CEO다. 우리는 회사 일에는 하루에도 10시간 이상을 매달리지만, 자신의 인생에는 얼마만큼의 시간을 투자하고 있는가? 회사 일에 시간을 투자하는 것이 내 인생에 투자하는 것과 마찬가지라고 착각하고 있지는 않은가?

회사는 당신이 필요할 때까지만 당신을 붙잡아 둘 것이다. 밑으로는 고학력 미취업자들이 취업을 위해 발버둥 치는 현실이고, 제4차 산업 혁명을 통해 우리가 사는 사회는 언제 어떤 방향으로 변화할지 예측조차 힘들 정도로 빠르게 변하고 있다.

자신의 인생에 초점을 두고 미래를 준비하지 않으면 조직에서 당신이 더 이상 필요 없게 되어 회사를 그만두게 되었을 때 아무것도 할 수 없는 무능력한 사람이 되어 버린다. 자신이 회사에서 얼마나 잘나갔던 사람인지는 회사 밖으로 나와서는 아무 소용이 없다.

회사와 상관없이 자신을 개발시켜 미래형 인재로 자신을 갈고닦는다면 자신은 회사에서는 물론 회사 밖으로 나와서도 문제가 없다. 인생 2막은 좀 더 넓은 시각으로 세상을 바라보고 준비할 필요가 있다.

아무리 자신이 좋아하는 일이라고 해도, 묵묵히 그 일만 하는 것이 아니라 사회의 변화에 맞춰 자신이 좋아하는 일을 접목해야 한다는 말이다. 예전에는 자신의 분야에서 성실하게 하면 누군가는 알아주었다. 하지만 요즘은 그렇게 해서는 살아남을 수 없다. 경쟁자들이 넘쳐나는 세상 속에서 자신을 드러내야 한다.

이제 스마트폰은 한국인들이 미디어를 소비하는 주요 수단이 되었다. 무선기기(휴대전화 포함)를 통한 미디어 소비율은 올해 전체 미디어 소비율의 3분의 1 가까이를 차지하며 세계 최고 수준을 이어갈 것으로 전망된다고 한다.

이러니 우리는 모바일 시장을 무시할 수 없다. 사람이 모이는 곳에서 자신을 홍보해야 한다. 아무도 없는 곳에서 "나 진짜 열심히 하고 있어요!"라고 소리쳐 봤자 허공에 대고 떠드는 것밖에 되지 않는다.

워킹맘, 회사를 그만두고 캐나다로 미니은퇴를 떠나다

1인 미디어 유튜브를 비롯하여 앞으로의 기술 개발에 대한 촉각을 항상 곤두세우고 있어야 하는 이유다. 내가 하고자 하는 일이 미래 산업의 변화와 따로 노는 것이 아니기 때문에 항상 변화를 감지하고 그 변화와 동반하여 앞서 나갈 수 있도록 준비하는 자세를 갖춰야 한다.

또한, 그런 면에서는 대기업보다 개인이 유리하다. 대기업일수록 무언가를 결정하고 실행에 옮기는 데 오랜 시간이 걸린다. 이것저것 따져 봐야 하고, 여기저기서 태클을 걸어오기 때문이다. 하지만 개인은 그렇지 않다. 나의 일을 여러 방면으로 검토해 보고 훨씬 유동적으로 발 빠르게 대응할 수 있다는 장점이 있다.

## # 자리가 사람을 만든다

언제까지 부하 직원의 태도로 자신의 인생을 끌어갈 것인가! 비록 회사에서는 내가 대리, 과장이더라도 내 인생에 있어서만큼은 나 자신이 CEO가 되어야 한다.

CEO가 된다는 것은 내 인생 전반적인 부분에 대한 깊은 이해와 통찰력 그리고 미래에 대한 준비까지 다방면의 능력을 요구한다. 그래서 CEO는 아무나 하는 것이 아니며 아무나 될 수 없는 자리이기도 하다. 마찬가지로 내 인생의 CEO는 다른 사람이 될 수 없으며 내가 가장 적임자인 것은 분명하다.

## # 나보다 나를 더 잘 아는 사람이 누가 있으랴

회사의 CEO는 인사, 재무, 마케팅, 홍보, IT 등 다양한 부서의 보고를 받고 의사 결정을 내리기 위해서 그 분야에 대한 탁월한 지식이 있어야 한다. 내 인생에서도 마찬가지다. 육아, 재테크, 노후, 건강 등 나와 관련된 다방면의 지식을 갖춰야 하고 내가 전문가가 되어 의사 결정을 내릴 수 있어야 한다.

CEO의 잘못된 의사 결정이 조직 전체를 한순간에 몰락시킬 수도 있듯이, 내 인생을 제대로 이끌어가지 못한다면 내 인생 또한 언제 바닥으로 내팽개쳐질지 모른다. 지금 내 인생을 그대로 내버려 둘 시간이 없다.

한 가지 차이점이라면 회사의 CEO는 더 이상 필요가 없어지면 그 자리에서 물러나야 한다는 점이다. 회사의 CEO는 꾸준히 자신의 능력을 입증해 보여야 한다. 하지만 나는 내 인생의 CEO이고 물러날 수가 없다. 끊임없이 내 인생을 주도하여 이끌어 나가야 한다. 미래에 대한 예측을 지속해서 해나가며 그에 걸맞은 인재로 내 인생을 이끌어가야 하는 것이다.

이것을 미리부터 준비해 두면 인생 2막에서도 변화에 대응하여 이리저리 앞서 나가며 개척해 갈 수 있지만, 준비되어 있

워킹맘, 회사를 그만두고 캐나다로 미니은퇴를 떠나다

지 않은 사람은 변화에 휘둘리며 언제 어디로 날아가 버릴지 모른다. 지금 자신의 일과를 한번 돌아보자. 자투리 시간을 어떻게 보내고 있는지 말이다. 하루가 모여 한 달, 한 달이 모여 일 년이 되고, 그 시간이 쌓여 지금의 내가 된다. 나는 내가 보낸 시간으로 완성된다.

## ☆ 남편은 나의 동업자

### # 부부 막장 토론

우리 부부는 매일같이 대화한다. 아이들을 재우고 나면 TV를 보는 것이 아니라 책상에 마주 보고 앉아 홍삼 진액 한 숟가락을 듬뿍 떠서 따뜻한 물에 타 마시며 각자의 일을 한다. 어찌 보면 일이 아니라 즐기는 시간이다. 나는 글을 쓰거나 사업계획서를 작성하고, 신랑은 공부하거나 오디오 방송 녹음을 한다.

물론 우리 부부의 이런 습관이 단기간에 이루어진 것은 아니다.

신혼부부 때부터 함께 집을 보러 다니면서 시행착오를 겪으며 자리 잡게 된 습관이다. 처음에는 집을 보러 갔다가 급한 마음에 집을 매매하겠다고 그 자리에서 결정해 버렸다. 그런데 집에 돌아와서 이것저것 따져 보니 당장에 돈도 없고, 다 끌어

모아도 도저히 여력이 안 되었다.

결국 계약금을 받아 내기 위해 정신적으로 엄청난 스트레스를 받았고, 그날 이후 우리 부부는 아무리 좋은 물건이라고 생각해도 성급하게 결정을 내리지 않게 되었다. 일단 집으로 돌아와서 그 집에 관하여 심도 있는 대화를 나눈다. 처음에는 장점만 생각하게 되고 누군가가 그것을 사버릴까 봐 조급함이 생기기도 한다.

하지만 첫 번째 시행착오를 이미 경험했기 때문에, 이제 두 번 다시는 그런 실수를 하지 않는다. 그래서 장점을 나열한 다음에는 단점을 일부러 끄집어낸다. 그러면 생각보다 의외로 단점이 많다. 그리고 그 집과 관련해서 인터넷 검색을 통해서 방대한 정보를 수집하다 보면 단점을 많이 찾게 되고 그것을 목록으로 만들 수 있다. 손익을 따져 보고 그럼에도 불구하고 그것을 매매할 가치가 있다고 판단하면 부동산에 연락하게 되는데 그 과정에서 협상해 볼 수 있는 여지가 생긴다.

그 지역, 그 집과 관련하여 누구보다 많은 정보를 수집했고, 단점까지도 파악했기 때문에 가격 관련 부분을 협상할 때 여지가 생기게 되는 것이다. 이런 경험을 수차례 반복하면서 우리 부부의 대화는 점차 생산적으로 변했고 대화를 통하여 많은 것을 이루어 나가게 되었다.

나는 인생 2막을 준비하면서도 신랑과 평소에 많은 대화를 했다. 처음에 내가 어떤 안건을 가지고 얘기하면 나는 굉장히 확신을 가지고 자신 있게 의견을 말한다.

"신랑, 이렇게 해 보려고 하는데 어떻게 생각해? 잘될 것 같지 않아?"

그런데 막상 신랑과 대화를 하다 보면 생각지도 못한 문제를 찾아내곤 했다. 사실 어떨 때는 신랑의 차가운 판단에 기분이 나빠지기도 했지만, 냉정하게 받아들일 부분은 수렴해야 했다. 내 마음속으로도 신랑 의견이 옳다고 생각했기 때문에 반론할 여지가 없었기 때문이다.

사업계획서를 작성하다 보면 자기만의 환상에 빠질 때가 있다. 엄청나게 잘될 것 같고, 사람들이 몰려들 것 같은 환상에 빠진다. 그런데 그런 상황에서 나에게 객관적으로 말해줄 수 있는 사람은 신랑밖에 없다. 일부러 좋은 얘기를 해 줄 필요도 없고 당장 우리 가정의 가계와 관련되어 있기 때문에 잘못된 판단을 해서는 안 된다는 것을 너무나 잘 알고 있다. 냉정한 판단자는 바로 신랑이다.

반드시 부부가 함께 고민하는 과정이 필요하다. 내가 되었든, 내 배우자가 되었든 누가 회사를 먼저 그만두고 나중에 그만두고의 문제이지 누구든 언젠가는 회사를 나오게 되어 있다. 그래서 어떤 문제든 상대방과 함께 고민하고 준비하는 것이 좋다. 이건 부부 개별의 문제가 아니라 부부 공동의 문제다!

## # 막장 토론은 싸움이 아니다

부부간의 대화 과정이 싸움으로 이어진다면 그것은 분명 대화가 부족했던 부부이거나 토론 방법이 제대로 되지 않았기 때문에 발생하는 문제다. 반드시 개선해 나가야 한다. 대화가 싸움이 되었다면 어떤 부분에서 기분이 나빴는지를 파악해 보아야 한다. 예를 들어, 단점을 말하는 방법, 말투, 받아들이는 사람의 자세 등을 명확히 짚어 보고 현명하게 해결해야 다음 대화도 부드럽게 이어질 수 있다.

나이가 들어 대화하는 것이 습관이 되지 않아 부부간에 말 한마디 하지 않고 따로 TV를 보거나 스마트폰을 보며 시간을 보낸다면 서로에 대한 이해가 부족하여 사소한 것으로도 싸움으로 이어질 수밖에 없다.

서로 일한다고 떨어져 있는 시간이 길다 보니 막상 함께 있는 시간에는 어떻게 지내야 할지 익숙하지 않은 것이다. 온종일 일하고 돌아오면 지치고 힘들어서 모든 것을 잊고 TV를 보거나 쉬고 싶은 심정은 충분히 이해된다. 하지만 그것이 결국 나에게 도움이 되는 것이 아니라 오히려 더 피곤을 느끼게 하

워킹맘, 회사를 그만두고 캐나다로 미니은퇴를 떠나다

고 나에게 아무런 발전적인 영향을 끼치지 않는다는 것을 깨닫게 되면 그렇게 보낸 시간들이 굉장히 아깝게 느껴질 것이다.

부부가 대화하게 되면 처음에는 별거 아닌 대화로 시작한다. 일상적인 이야기, 회사 이야기, 아이들 이야기 등. 그러나 이런 대화를 지속하다 보면 발전적이고 생산적인 방향으로 이어지게 된다. 그리고 부부간에 사이도 더욱 좋아지고 그러면서 서로에 대한 이해가 높아진다.

### # 우리 부부는 대화를 하며 사랑을 나눈다

이러한 퇴근 이후의 삶은 우리 부부만의 독특한 라이프 스타일이다. 우리 부부는 두 아이를 낳고도 계속 이런 습관을 유지하고 있다. 가끔 아이들이 친정에서 하룻밤을 자고 오겠다고 하는 날이 있다. 그럴 때면 우리 부부는 온전히 부부만의 시간을 누린다. 오랜만에 맥주를 마시며 즐거운 대화를 나누거나, 함께 운동하러 가기도 한다.

우리 부부는 함께 즐기는 법을 안다. 노후에도 외롭거나 무료하지 않게 보내는 방법을 지금부터 지속해서 실천하고 있다. 나중에 아이들이 독립하고 우리 부부만 남았을 때, 우리는 함께 일하고 여행을 다니며 살 것이다.

100세 시대에는 부부가 함께하는 노후의 삶이 더 중요하다.

노후에 시간이 넘쳐난다고 해서 누구나 그것을 즐길 수 있는 것이 아니다. 젊을 때부터 부부가 함께 즐기는 법을 터득해 나가야 나이가 들었을 때 그것을 온전히 누릴 수 있다.

### # 우리 부부의 특별한 노후 준비

흔히 노후 준비라고 하면 노후에 일하지 않으면서 모아 놓은 돈 혹은 준비한 연금으로 노후를 보내는 것으로 생각한다. 그런데 우리 부부의 생각은 좀 다르다. 물론 노후에 충분한 돈과 연금 등의 경제적인 준비는 꼭 필요하다.

하지만 정말 '일'을 안 하고 그 긴 시간을 살 수 있을까?

회사에서 정년퇴직할 때까지 일을 해 봐야 보통 30년 정도 일하는 것이다. 지금 30대가 노인이 될 때는 기대 수명이 평균 100세가 넘어갈 테니 퇴직 이전보다 퇴직 이후의 삶이 훨씬 더 길다. 아무 일도 하지 않고 살기에는 너무나도 긴 시간이다.

우리 부부의 노후 준비는 경제적인 준비가 된 상태에서 우리가 하고 싶은 일을 원하는 만큼 하며 살아가기 위한 준비다.

이것이 우리 부부가 원하는 인생 2막이다. 우리 부부는 뒤늦게 찾은 각자의 취미 생활을 잠자는 시간까지 줄여가면서 재미있게 즐기고 있다. 인생의 2막에서 꼭 하나만 하라는 법은 없고, 아직 하고 싶은 것을 찾는 중이지만 나의 캘리그래피와 남편의 가죽 공예는 우리 부부 인생 2막의 한 부분을 차지할 것이다.

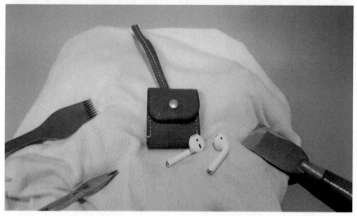

취미로 가죽 공예를 시작한 남편의 작품(가족 여권 케이스와 아이팟 케이스)

# 4

## 이제부터 남의 인생이 아닌, 내 인생을 산다

대학 입시, 취업, 결혼, 출산. 인생에서 해야 할 것들을 다 했으니, 이대로 회사 다니고 아이들 잘 키우며 살면 되는데 나는 불현듯 '이렇게는 못 살겠다'라는 생각이 들었다.

이 세상에 싫어하는 일을 하고 싶은 사람이 있을까? 지금까지 그렇게 살아왔는데 앞으로도 그렇게 살아야 한다면 우리가 변해야 할 이유는 없다. 오히려 현재의 인생을 지속하는 것이 더 편한 방법이 될 수도 있다. 하루하루가 괴롭겠지만 말이다.

여태까지 남의 목표대로 살아왔다면 이제는 내 인생을 시작할 때다. 그게 바로 워킹맘 인생 2막이다. 인생 2막은 내가 좋아하는 것, 내가 하고 싶은 것으로 시작해서 노후에도 꾸준히 지속할 수 있는 일을 찾는 것이다.

## ☆ 내 인생의 진화 단계

사람들은 누구나 저마다 다른 인생을 산다. 사람마다 경험하는 것이 모두 다르기 때문이다. 계획이나 우연에 의해서 어떠한 경험이 사람의 인생을 송두리째 바꿔 놓기도 한다. 마치 전혀 다른 사람이 된 것처럼 말이다.

내 인생의 진화 단계를 살펴보면 현재까지 4단계를 거쳐 오고 있다.

'해야 하니까 하는 것 → 필요에 의해서 하는 것 → 즐거워서 하는 것 → 즐거워서 하는데 너무 간절한 것'의 4단계다.

### # 1단계: 해야 하니까 하는 것

나에게는 이 시기가 참으로 길었다. 그래서 어찌 보면 긴 시간 동안 인생의 즐거움을 잘 모르고 지내온 것 같다. 바로 나의 학창 시절이다. 나는 그때 꿈이라는 것을 모르고 막연히 좋은 대학에 입학해야 한다는 이유 하나로 학교, 집, 학원을 오가는 삶을 반복했다. 내 꿈, 내 인생에 관한 고민이라고는 해 본 적이 없었다.

어릴 때부터 시작이 그러하니 그 이후의 인생은 뻔했다. 대학을 졸업하면 취업해야 하고, 취업하면 승진해야 하고, 그냥 남들처럼, 남들 하는 대로 그렇게 사는 거였다.

문제는 주변의 대부분의 사람도 그러하니 그렇게 사는 것을 당연하다고 느꼈다는 것이다. 그렇게 나는 마땅한 목표도 없이 방황하며 빡빡한 일상을 채우고 있었다.

### # 2단계: 필요에 의해서 하는 것

힘들게 경쟁을 뚫고 취업했는데 수많은 경쟁자가 주변에 도사리고 있다. 신입사원 때는 패기와 열정을 가장하여 1년, 2년을 버틴다. 그러다 보면 시간이 훌쩍 지난다. 승진도 해야 하고, 결혼에 대한 압박도 스멀스멀 올라오기 시작한다.

이때는 누가 시켜서라기보다 본인 스스로가 필요를 느껴서 무언가를 하게 된다. 바로 자기계발이다. 어학 공부, 운동, 독서, 여행 등. 이 와중에 일부 사람들은 젊을 때 즐겨야 한다는 신념으로 술과 친구에 빠져 지내기도 한다.

나는 이 시기에 책을 많이 읽었다. 사실 나는 학창 시절에 책을 좋아하지도, 많이 읽지도 않은 아이였는데, 직장 생활 1년 차 신입사원 때 나의 첫 팀장님이 엄청난 독서광이셨다. 나에게 "이 책 읽어 봤냐?", "저 책 읽어 봤냐?"라고 자꾸 물어보셨는데 내 대답은 매번 "아직 못 읽어보았습니다."였다. 이 대답을 하는 것이 지겨워서 책을 읽기 시작했다.

쉬는 날이면 주로 카페에 가서 책을 읽었다. 처음에는 팀장님이 물어보신 책을 찾아서 읽었는데 영 내용이 눈에 들어오지 않았다. 내 관심 분야도 아니었고, 그동안 책을 읽지 않던 나에게는 너무 어려운 내용들뿐이었다.

입사 후 몇 달 동안은 나도 직장인이 되었다는 기쁨에 야근이나 주말 출근도 기꺼이 했으나, 시간이 지날수록 '이건 아닌데'라는 생각이 계속 들었다. 당장 대안이 없었기에 참고 다니기는 했으나 방황하는 시간이 지속되었고, 다른 방향의 미래

계획을 세우기도 했다. 그 계획 안에는 대학원에 들어가는 것도 있고, 외국에 가서 사는 것도 포함되어 있었다.

하지만 이때는 무언가 계속 열심히는 했는데 큰 변화나 성과가 두드러지게 나타나지는 않았다. 좋은 토익 점수를 받고 대학원에 들어갔다고 해서 그것이 내 인생을 눈에 띄게 변화시키지는 않기 때문이다. 그냥 불안하지 않기 위해서 필요하니까 하는 것뿐이었다.

### # 3단계: 즐거워서 하는 것

시간이 지나고 '나'에 관하여 이해하는 수준이 점점 높아졌다. 그리고 어느 정도 포기할 것은 포기하고, 뭔가 아니라고 생각되는 것은 과감히 버리기도 했다. 동시에 내가 어떤 것을 할 때 행복한지 조금은 감이 오게 되었다. 바로 나의 진정한 행복을 추구하는 때였다.

나의 경우는 결혼, 출산, 두 아이 육아로 인해 현실적으로 힘들고 고된 시기가 있었지만, 나의 행복, 우리 부부의 행복 또한 중요한 가치관이었다.

책 읽기에 있어서도 의무적인 책 읽기에서 내 마음에 와닿는 책 읽기로 바뀌었고, 카페에서 내가 좋아하는 책을 읽고 나면 그 기쁨은 말로 표현할 수 없었다.

두 아이의 부모가 되면서 나는 해야 하는 것과 즐거워서 하는 것의 두 가지를 병행했다. 뭐, 요즘 트렌드인 워라밸[2]을 추구하는 삶이라고나 할까? 현실적인 제약은 있지만, 어쨌건 진짜로 즐기는 것을 찾았다는 것은 인생에 있어 큰 행복이었다.

### # 4단계: 즐거워서 하는데 너무 간절한 것

나는 지금 이 단계에 와 있다. 사실 이 단계에 오게 된 것은 나에게 또 다른 경험이 있었기 때문이다. 나는 두 아이를 낳고 승진에서 연달아 누락되면서 자존감이 바닥까지 추락하는 경험을 했다. 까짓것, 그깟 회사 나와 버리면 속이 시원했겠지만, 내 성격상 그리고 환경상 일을 계속해야 한다는 것이 문제였다.

우리 세대는 사실 배울 만큼 배우고, 외국 연수도 다녀왔으며, 소위 나름대로 "잘했다."고 칭찬받으며 자란 세대들이다. 나 역시 대학교 때 우수한 성적으로 학교를 조기에 졸업했고, 외국 연수도 다녀오고, 대기업에 한 번에 취업하며 나름대로 실패 없는 인생을 살았다고 자부했다.

그런데 직장 생활은 그리 만만하지 않았다. 워킹맘, 유리천장[3] 등의 단어들이 내 현실이 되면서 나는 점점 현실적 제약

---

2) '일과 삶의 균형'이라는 의미인 'Work-life balance'의 준말.
3) 여성과 소수민족 출신자들의 고위직 승진을 막는 조직 내의 보이지 않는 장벽을 뜻하는 말.

에 부딪혔다. 직장에서 이대로 있다가는 내 장래가 그다지 밝지만은 않겠다는 생각을 하게 되었다.

그래서 철저히, 치밀하게 준비했다. 노후에도 나는 일하며 살고 싶은데 지금처럼 회사에 다니며 하루의 절반 이상을 업무에 관한 스트레스, 사람에 관한 스트레스를 받으며 일하는 것이 아니라 내가 진짜 즐기는 일을 좀 가늘더라도(덜 벌더라도) 길게 오래도록 하고 싶었다.

이렇게 나는 회사를 반드시 그만둬야 한다는 신념으로 내가 좋아하는 일을 너무 간절하게 하고 있다. 내가 지금 있는 단계가 바로 여기다.

1~3단계와 4단계의 차이점은 목표와 시기가 명확하기 때문에 그동안의 인생과는 차원이 다르다는 것이다. 무엇을 하더라도 내가 성장하고 있음을 느끼고 그것이 내가 이루고자 하는 꿈에 더 가까이 가고 있는 것이기 때문에 쉽게 그만두지 않는다. 즐기며 하는 것이라 굳이 동기 부여가 필요하지 않다.

나는 나와 비슷한 삶을 사는 사람들을 보며 배운다. 책과 블로그를 통해 알게 된, 꾸준히 배우고 닮고 싶은 사람들이 몇 명 있다. 그들을 보면 가슴이 설레고, 나에게 훌륭한 촉매제가 된다. 그들을 보면 내 목표를 향해 다가가는 과정에도 더욱 가속도가 붙는다. 목표를 추구하며 하루하루가 행복하고 이런 인생을 경험할 수 있음에 감사한다.

내 인생에 힘든 경험이 없었다면 지금의 나는 2단계 또는 3 단계 정도에 머물러 있었을 것이다. 힘든 경험이 나를 더욱 성장시키고 발전시켜 내가 진정 원하는 인생을 깨닫고, 그런 삶을 추구할 수 있게 해 주었다. 나는 앞으로의 내 미래가 더욱 기대되는 사람이다.

## ☆ 나는 가장 잘나갈 때 잠시 멈추기로 했다

막상 회사를 그만두고 나오려고 하니 그동안 준비를 해 왔어도 자꾸만 미련이 남았다. 과연 내가 옳은 결정을 한 것일까? 당장 가계 수입이 절반으로 줄어드는데 이 연봉을 포기하고 그만둬도 되는가? 퇴사하려니 오히려 주저하게 되어 한 달, 두 달 시간을 흘려보냈다.

사실 내 인생의 2막을 준비하는 과정을 통해 나 자신이 당당해지고, 발전하면서 이는 곧 회사에서의 내 이미지 상승으로도 이어졌다. 나는 그 과정에서 승진도 하고 조직에서는 좋은 평판을 받으며 일하고 있었다. 그러다 보니 그동안의 고생에 대한 보답이라고 생각되어 그것을 좀 더 누리고 싶었고, 조직에서 버틸 이유가 생겨난 것이었다.

물론 이때 내가 더 버틸 수 있다고 생각되면 상황에 따라 더 머무는 것도 나쁘지는 않다. 어쨌거나 돈은 꾸준히 받고 있고 나는 준비가 되어 있으니, 상황에 맞춰 나의 계획을 계속 업데이트만 하면 되기 때문이다.

나 또한 그 과정을 굉장히 즐겼다. 회사에서는 인정을 받으니 더 잘하고 싶은 욕심이 생겼고, 더 창의적이고 더 발전적인 일들로 나의 업무를 채워 나갔다. 그리고 일하면서도 내 사업을 한다고 생각하고 하나부터 열까지 깊숙이 관여해서 업무를 처리했다.

고생은 했지만 배우는 것도 많았고 내 만족도도 함께 올라갔다. 그리고 나는 회사에서든 가정에서든 여유가 생겼다. 준비된 자의 여유라는 것이 어떤 기분인지 이제 알 것 같았다.

하지만 조직에서 나의 만족도는 높아졌지만, 여전히 피곤한 일상은 계속되었다. 새벽에 일어나서 아이들 식사 준비를 마치고 온종일 사무실에 틀어박혀 모니터를 응시하니 내 건강은 계속해서 악화되고 있다는 느낌이 들었다.

이렇게 살지 않기 위해 지금까지 준비했는데 이 끈을 놓지 않고 있다는 것은 계속해서 나를 나약하게 만들었다. 여전히 경제적인 부분이 조직에 대한 미련을 남게 했지만, 이제 과감한 결정을 할 때가 왔다. 내가 여기서 이대로 5년, 10년을 버틴다고 한들, 그때 가서도 돈 때문에 머뭇거리고 있을 것이었다. 이 삶을 계속 연명해 나갈 수는 없었다.

## # 시련일까, 기회일까?

누구나 인생을 살다 보면 매 순간 선택의 기로에 서게 된다. 예전에는 선택의 기로에 서게 되면 참으로 괴롭고 힘들었다. '왜 나를 이렇게 시험에 들게 하는지'라는 생각도 들었다. 하지만 지금의 나는 많이 강해졌다. 선택의 기로에서 여전히 고민되고 갈등이 되는 것은 맞지만, 오히려 그 상황 자체를 기회로 받아들이게 되었다. 지금 나는 또 한 번의 선택의 기로에 섰다.

워킹맘에게 있어 육아휴직은 단순히 휴직하는 것만을 의미하지 않는다. 대한민국 워킹맘에게 육아휴직은 엄청나게 많은 의미를 내포하고 있다. 인사고과와 승진을 내려놓아야 하며, 복직한 뒤에도 '그대는 육아휴직을 한 자'라는 이미지에서 벗어나기 위해 또다시 처음부터 시작해야 한다. 나는 둘째 아이를 낳고 휴직을 들어간 해의 고과를 내려놓고, 복직한 해에도 고과를 희생하면서 두 번의 쓰라린 아픔을 겪었다. 아픈 만큼 강해진다는 말은 맞는 말이다. 너무 힘들었지만, 그래도 나 스스로가 그 시간을 통해서 참 강해졌다.

이후 나는 승진하고 조직에서도 인정받으며 나의 조직 생활

워킹맘, 회사를 그만두고 캐나다로 미니은퇴를 떠나다

12년 중에서도 가장 황금기에 "STOP!"을 외쳤다.

내년이면 초등학교 들어가는 큰아이, 올해 유치원에 입학해서 새로운 환경에 적응하느라 고군분투 중인 둘째 아이. 엄마가 인생 2막을 준비한다고 예전처럼 아이들에게 많은 관심을 쏟지 못해 미안한 마음이 항상 있었는데 육아휴직을 쓰고 그 1년 동안은 우리 아이들에게 엄마로서 최선을 다하기로 결심한 것이었다. 여전히 소극적인 결정이었지만 첫째를 출산하고 육아휴직도 안 쓰며 버텨냈는데 그에 대한 나의 희생은 너무 크다고 생각했다. 나에게 남은 한 장의 카드, 육아휴직. 나는 우리 아이들과 나의 미래를 위해 그 카드를 쓰기로 했다.

아쉬움이 남는 것이 있다면, 내가 육아휴직을 하겠다고 말한 시기에 국가에서는 여성 1인당 출산율이 한 명이 채 안 되는 초저출산 국가로 들어섰다며 이런저런 정책을 발표한 것이다. 나에게 적용되는 정책은 단 하나도 없었다. 그래서 탁상공론과 같은 정책에 답답하고 오히려 더 화가 났다.

도대체 현실을 알고 있는 것인지!

근무시간 단축이라고 하지만 대부분의 기업에서 그것을 마음 편히 사용할 수 있는 직원은 없다. 물론 대기업은 국가 정책이니 그에 맞추어 해당 정책들을 워킹맘에게 쓰라고 권고하겠지만, 워킹맘은 단축 근무를 신청하는 순간 고과와 승진을 포기해야 한다. 설령 가정이 중요해서 고과와 승진을 포기한다고 하더라도 후배가 자신의 상사가 되는 등 자존심 상하는 여러 상황에서 워킹맘에게는 버티기 힘든 상황이 이어진다.

## # 단순한 휴직이 아닌, 인생 프로젝트다

워킹맘이 회사에서 육아휴직을 쓰는 것이 단순히 휴직만을 의미하는 것이 아니듯, 나 또한 육아휴직이 나에게 휴직만을 의미하는 것이 아니었다. 예전처럼 무참히 당하도록 내 인생을 내버려 두지는 않을 것이다. 또다시 같은 고통을 감내하고 싶지도 않았다.

1년이라는 시간, 우리 가족이 하나 되는 시간을 충분히 만들고 캐나다 프로젝트를 비롯해 다이내믹한 계획을 풍부하게 세우고 있다. 나에게 있어서 이번 육아휴직은 단순히 휴직이 아닌, 인생 프로젝트다.

간부급 사원이 출산한 뒤 한참 후에 육아휴직에 들어가게 된다는 사실이 사내 인사명령에 뜨자 아는 사람들에게서 연락이 빗발쳤다. 아직은 육아휴직이라는 제도가 회사와 우리 사회에 온전히 자리 잡지 못했기 때문이다.

만약 내가 준비되지 않았다면 나는 현실에 불만만 품고 사회를 원망하며 살았을지도 모른다. 그러나 아무리 내 불만을 쏟아낸들, 우리가 사는 사회는 그렇게 쉽게 변하지 않는다. 그러한 현실에서는 자기가 살아남을 방법을 스스로 능동적으로 찾아야 한다. 앞으로의 사회는 더 좋아지길 바란다. 우리 딸이 컸을 때는 이렇지 않도록 내가 한 여성으로서 나의 역량을 충분히 발휘하며 살고 싶다. 여성이 사회에서 미치는 기여도가 커질수록 모든 제도도 계속 뒷받침되리라 생각한다. 그리고 실제로도 조금씩 그렇게 변하고 있다고 느낀다.

나는 준비가 되어있기에 지금 나의 선택과 결정이 가능하다고 생각한다. 다수와 똑같이 행동해서는 평생 똑같은 삶을 살 수밖에 없다. 모든 불편한 상황에서 벗어나기 위해 나는 지금은 조금 불편한 결정을 했다. 이제 내 인생의 새로운 역사가 시작된다.

## ☆ 겉모습만 '나'에서 진정한 '나'로 거듭나기

젊을 때는 외모에 신경을 많이 쓴다. 그래서 아무것도 꾸미지 않아도 예쁠 나이인 중고등학생들도 화장하고 외모 가꾸기에 공을 들인다. 물론 어른이 되어도 크게 다르지 않다. 매년 옷을 사도, 해가 바뀌고 옷장을 열면 입을 옷이 없다. 작년에 무엇을 입고 다녔는지 모르겠다. 네일 케어도 받아야 하고, 머리도 주기적으로 다듬어야 한다. 신발도 사야 하고 돈 들어갈 일이 천지다.

요즘 사회에서 외모는 또 하나의 경쟁력이다. 자신의 외모를 가꾸다 보면 스스로의 자긍심이 높아지는 것은 맞다. 주위 사람의 대우가 달라지고, 다른 날보다 더 당당하게 행동하게 된다.

그런데 이런 외모만큼이나 중요한 것이 자신의 내면이다. 나이가 들수록 더 그렇다. 어릴 때는 학업에 열중하고 똑같은 공부를 하느라 내면의 차이를 느끼기가 힘들다. 하지만 사회에 나오는 순간 각기 다른 길을 가고 다른 인생을 경험하면서 사람의 내면 또한 큰 차이가 나게 된다.

나이가 들수록 그 사람의 아름다움은 내면에서 나온다. 이 사람이 자기 분야에서 얼마나 내공을 쌓았고, 진실한 인생을 살아왔는지는 대화만 몇 마디 나누면 느낌으로 풍겨 나온다.

내공은 마음먹는다고 갑자기 쌓을 수 있는 것이 아니다. 자신이 지금 힘들더라도 그 고생이 헛된 것만은 아니다. 그 과정을 어떻게 극복하고 자신에게 긍정적인 방향으로 만드느냐가 중요하다.

나이가 들어서도 자신의 분야를 확고하게 지키고 있다면 누구도 함부로 할 수 없다. 돈으로 사람을 산다? "나이 들어서도 자녀들이 찾아오게 하려면 돈이 있어야 한다."는 말이 있다. 현실적으로 틀린 말은 아니다. 하지만 그게 과연 자식들을 위한 길인가? 그게 자신을 위한 길인가? 진심이 담긴 행동은 아닌 것이다.

노후에는 돈도 있고 지혜도 있어야 자식이 진심으로 부모를 찾아오게 된다. 돈만 있어서는 돈을 바라고 찾아오고, 지혜만 있어서는 현실을 살아가는 데 지친 자식들에게 부모처럼 살면 안 된다는 반면교사가 될 수도 있기 때문이다.

우리 부부가 노후에 충분히 자립할 수 있도록 경제적으로나 능력적으로 지금부터 노력하는 것은 나중에 어느 하나도 자녀들에게 의지하고 싶지 않기 때문이다. 자녀를 위한다는 명목으로 우리가 힘들게 번 돈을 사교육비에 무모하게 쏟아붓지도 않으며(다만 책육아 등 어릴 때 부모로서 해 줄 수 있는 것들은 최선을 다해 해 준다) 자녀가 부모를 부양해야 할 의무도 없다. 물론 그것이 자식으로서의 도리이기는 하나, 갈수록 치열하고 힘든 세상이기에 자식들이 부모에게 손 벌리지 않고 자기들 앞가림만 잘해도 오히려 그게 효도라고 생각한다.

나는 아이가 자신의 행복을 주체적으로 꾸려나갈 수 있게 도와줄 뿐이다. 사교육에 돈을 쏟아붓는 것이 그 방법이라고는 절대 생각하지 않는다. 차라리 그 돈을 아껴 아이들이 어릴 때 다양한 경험을 할 수 있도록 도와준다. '아이들 뒷바라지하느라 젊은 인생을 다 바쳤더니 나이 들어 남는 게 하나도 없더라' 나중에 가서 그렇게 후회한들 아무 소용 없다. 누가 자신의 인생을 책임져 주는가?

아이가 행복하게 살기를 원한다면 먼저 부모가 행복하게 사는 모습을 아이에게 보여 줘야 한다. 그러기 위해서는 부모 자신이 행복해야 하는데 그 모습은 '자기다움'에서 나온다. 내가 나로서 살아갈 때 그 모습은 더욱 가치 있고 멋있는 것이다.

그렇다면 어떻게 해야 진정한 나로 거듭날 수 있을까?

자기만의 전문 분야를 꾸준히 만들어나간다. 남들이 다 하는 일상적인 것들이라도 상관없다. 분명 그 속에서 자신이 더 잘하고 뛰어나게 할 수 있는 부분은 반드시 있다.

워킹맘, 회사를 그만두고 캐나다로 미니은퇴를 떠나다

## ☆ 내 인생의 미니멀리즘(Minimalism)

나는 요즘 집안 정리를 하고 있다. 그동안 회사에 다니며 인생 2막을 준비한다는 이유로 집안일을 많이 내려놨다. 집안일까지 챙기다가는 정작 내 일에 집중할 수가 없었기 때문이다.

원래부터 정리하지 않는 성격이었다면 오히려 편했을 텐데, 나는 우리 엄마의 피를 이어받아 그릇이 하나라도 있으면 바로 설거지를 해야 했고, 물건이 제자리에 딱딱 놓여 있어야 마음이 편했다. 그러다 보니 내 몸은 하루에도 몇 번씩 앉았다, 일어섰다, 이리 왔다, 저리 갔다 했다. 나중에 보면 별로 한 것도 없는데 몸이 왜 이리도 힘든 것인지 의아했다.

그런데 내가 인생 2막을 본격적으로 시작하고, 내 일에 몰입하면서부터 집안일보다 나의 미래를 준비하는 것이 중요하다는 것을 깨달았다.

지금 생각해 보면 예전에는 왜 그렇게 집안일에 집착했는지, '그때 내 미래에 좀 더 투자했더라면 지금 상황이 많이 달라졌을 텐데'라는 생각도 했다. 하지만 예전을 떠올리면 누가 아무리 나에게 인생 2막을 준비하라고 떠들어대도 아마 들리지 않았을 것이다. 자신에게 간절함이 있어야 몸도 마음도 움직이는 법이니까.

육아휴직을 하고 내 마음이 평안해졌다. 회사에 다닐 때는 스트레스를 하도 받아서 자주 예민해지고 몸이 축축 늘어져 있었는데 요즘은 활기가 돈다. 집에서 일하고 아이들과 함께 있는 시간이 늘어나면서 그 시간을 더욱 기분 좋고 마음이 치유되는 공간에서 보내고 싶어졌다. 밥을 대충 때우기도 싫어 한 끼를 먹더라도 건강하게 먹을 것이고, 일을 하더라도 기분 좋은 음악과 꽃향기를 맡으며 즐겁게 일하고 싶다. 무슨 뚱딴지같은 소리냐고? 그동안 그렇게 살지 못해서 그렇다. 예전의 나는 사무용 책상에 다닥다닥 붙어 앉아 전자파가 나오는 모니터를 온종일 응시하며 둔탁한 공기 속에서 일했다. 생각만 해도 숨이 탁탁 막혀 온다.

한낱 짧은 로망에 불과할지라도, 이제는 내 인생을 즐겁고 행복하게 사는 데 초점을 두고 모든 것을 결정하려고 한다.

입지도 않으면서 아까워서 가지고 있던 옷이 있다. 해가 지나도 여전히 입지 않는데 괜한 자리만 차지하고 있었다. 아이들 옷과 신발도 작아서 못 입게 된 것까지 차곡차곡 정리해서 상자에 넣으니 다섯 상자나 나왔다. 말이 다섯 상자지, 실제로 상당한 양이었다. 아름다운 가게에 기증 신청을 하면 신청한 날짜에 상자를 수거해 가신다. 기증도 하고 연말에 소득공제도 받을 수 있다. 그렇게 물건들을 정리하고 옷 방을 둘러보니

워킹맘, 회사를 그만두고 캐나다로 미니은퇴를 떠나다

옷과 옷 사이에 이제 여유가 생겼다. 옷 찾기도 쉬워졌고, 구김이 가지 않아 좋다.

사람이란 게 원래의 내 성향 자체를 바꾸기는 쉽지 않다. 비록 집안일을 내려놓기는 했어도 처음에는 어질러진 집을 보는 것은 그다지 편치 않은 일이었다. 집안일까지 하기에는 시간과 체력이 받쳐주지 않아서일 뿐, 나에게 체력이 남아 있었다면 아마 벌써 정리를 하고도 남았을 것이다. 지금 내가 정리를 하는 것은 단순한 물건 정리가 아니다. 복잡한 물건을 정리해서 집안에 맑은 공기가 흐를 수 있도록 공간을 만들고, 내 머릿속도 가볍게 정리하려고 하는 것이다. 물건 정리에서 마음 정리로 이어지는 진정한 미니멀리즘이다. 일로만 가득 찼던 내 머릿속에 여유 공간을 만들어 긍정의 기운이 흘러 들어갈 수 있도록, 그래서 내 인생을 좀 더 내가 원하는 방향으로 이끌 수 있도록 하려고 한다.

나는 많은 것을 비워내고, 새로운 것으로 채워 나갈 준비를 한다.

## ☆ 당신의 멘토(Mentor)는 누구인가?

당신이 닮고 싶은 멘토는 누구인가? 나는 이 질문을 하면서 우리나라에 성공한 여성이 누가 있는지, 그리고 그들은 지금 무엇을 하고 있는지 곰곰이 생각해 봤다. 그런데 머릿속에 떠오르는 사람이 별로 없었다. 게다가 몇 명인가 머릿속에 떠오르는 사람들마저도 내가 멘토라고 섬기며 따르기에는 나와 맞지 않는 부분이 있었다. 속상했다.

진정 나의 여성 멘토는 없는 것인가?

그러다 문득 나와 가장 가까운 사람, 우리 엄마가 떠올랐다. 그래, 나의 멘토는 바로 우리 엄마야! 내가 어릴 때부터 항상 일하셨던 우리 엄마. 내가 두 아이를 낳고 기르는 지금까지도 우리 엄마는 일을 하신다. 내가 회사를 그만두겠다고 할 때마다 나를 말리신 건 다름 아닌 우리 엄마였다. 엄마가 아니었다면 나는 일찌감치 회사를 그만두었을 것이다. 엄마는 나에게 많은 것을 가르쳐 주었다. 나를 앞에 앉혀 두고 가르치신 게 아니라 당신이 인생을 살아가는 과정을 통해 직접 보여 주셨다. 그 모습을 보고 자라며 나는 하나씩 깨달았던 것이다.

내가 막상 두 아이를 낳고 보니 우리 엄마가 지금 내 나이 때 어떻게 살았는지를 회상하게 된다. 우연히 어릴 때 사진을 보니 우리 아빠는 지금 신랑의 모습이었고, 우리 엄마는 지금 나의 모습이었다.

'우리 부모님도 젊을 때가 있었구나…'

내가 어릴 때 우리 가족은 에버랜드도 가고, 설악산 흔들바위도 올라갔었는데, '당시 맞벌이였던 우리 부모님도 참으로 열심히 사셨구나'라는 생각이 들었다. 그 무엇으로도 가르쳐 줄 수 없는 삶의 현장을 그대로 보여 주신 것이다. 그 누구보다 존경스러운 분은 바로 내 곁에 계신 부모님이다.

나의 성실함과 근성, 이 모든 것은 우리 엄마를 닮았다. 어릴 때부터 엄마의 모습을 보고 자라서 나도 그렇게 컸다. 지금은 아무도 알아주지 않는 개근상이지만, 우리 엄마는 그 상을 그렇게나 중요하게 생각하셨다. 그래서 나는 눈이 오나, 비가 오나, 열이 나서 양 볼이 빨개져도 학교에 갔다. 당연히 그래야 하는 줄 알았다.

나는 지금도 회사에 누구보다 일찍 출근한다. 지각을 하거나 아파서 결근한다는 것은 상상도 못 할 일이다. 한 때는 '개미처럼 일만 하는 것이 다 무슨 소용인가'라는 생각을 했었는데 내가 즐기는 일을 찾게 되면서 성실함과 근성이 얼마나 중요한 것인지 절실히 깨닫게 되었다. 티는 나지 않지만 무엇을 하는 데 있어서 성실함과 근성은 가장 기본적인 사항이다. 기본이 안 되어 있으면 무엇이든 곧 무너져 내린다.

내가 우리 엄마를 보고 자랐듯, 우리 딸은 나의 모습을 보며 클 것이다.

열심히 키워서 가르쳤는데 우리 딸이 아이를 낳고 일을 그만
두기를 원치 않는다. 그래서 우리 엄마가 그만둔다는 나를 그렇
게도 말렸나 보다. 내가 우리 엄마를 보며 배운 것처럼, 우리 딸
도 나의 모습을 보고 엄마를 자랑스럽게 느끼며 성장했으면 좋
겠다. 우리 딸이 커서 사회에 나갔을 때 지금보다 더 나은 환경
에서 자신의 꿈을 펼쳐 나갈 수 있기를 기대하면서 말이다.

우리 엄마는 일을 그만두지 못한다. 계속 그렇게 살아오셨기
때문이고, 일없이 집에만 있는 것이 얼마나 무료한지 알고 계시
기 때문이다. 지금은 예전처럼 일하시는 게 아니라 여유를 느
끼며 일을 즐기신다. 그게 내가 원하는 나의 미래이기도 하다.

엄마는 여전히 내 삶의 모범이 되는 멘토이다. 나는 우리 엄
마가 자랑스럽다. 그리고 나에게 있어 이 세상에 하나뿐인 멋
진 멘토가 되어 주셔서 감사하다. 나는 내 딸의 멘토가 될 것
이다. 그래서 지금 나의 행동과 삶은 아주 중요하다. 내가 우
리 엄마의 모습을 기억한 것처럼, 내 딸도 나의 모습을 기억할
테니까. 내 딸이 멋진 인생을 살아가길 원한다면 지금 나부터
멋진 인생을 살아야 한다.

워킹맘, 회사를 그만두고 캐나다로 미니은퇴를 떠나다

5

# 내 인생이 한 권의 책이 되다

내 이야기가 한 권의 책으로 나온다는 것은 참 멋진 일이다. 누군가는 '별것 없는 내 인생을 어떻게 책으로 만들지?' 이런 생각을 할 수도 있지만, 살아가면서 인생에 한 번쯤 굴곡 없는 사람이 어디 있으며, 누군들 쉬운 인생을 살았을까.

단 한 권의 책을 만들더라도 자신만의 이야기를 써 내려가 보자. 일단 자신이 살아온 인생을 정리해 볼 수 있다. 내가 과거에 이러했고, 지금은 이러하고…. 그리고 이것은 앞으로의 미래를 준비하는 데도 도움이 된다. 한 권의 책을 만든다는 생각으로 미래를 준비하면 훨씬 꼼꼼하게 구상하게 되며 하루하루를 더 의미 있고 가치 있는 삶으로 남기기 위해서 노력하게 된다.

## ☆ 내 인생의 목차를 정해 보자

책 쓰기, 어떻게 할까? 막연히 책을 쓴다는 것은 두려운 일이다. 글솜씨도 없고, 무슨 이야기를 써야 할지 막막하다. 지금껏 누군가의 책을 읽어 보기는 했어도 나의 이야기를 꾸준히 써온 적은 없으니까.

일단 내 인생을 목차로 만들어 쭉 적어 내려가 보자. 살아오면서 누구나 즐거웠던 일, 슬펐던 일, 괴로웠던 일이 있다. 그

워킹맘, 회사를 그만두고 캐나다로 미니은퇴를 떠나다

상황을 자신만의 글로 풀어나가다 보면 그것이 누군가에게 위로가 되고, 공감을 얻을 수 있다. 평범한 인생을 살아서 도무지 목차로 쓸 내용이 없어도 괜찮다. 그 평범한 인생이 후반부의 특별한 인생을 위한 반전의 계기가 될 수도 있다.

지금까지 별로 한 것이 없고 평범한 인생을 살아왔다면 앞으로의 미래를 위해 특별한 무언가를 한 가지씩 준비해 보자. 책을 출간하지 않더라도 자신만의 이야기를 다음 브런치(Daum Brunch)나 네이버 블로그(Naver Blog)에 꾸준히 올리다 보면 글을 쓰는 능력도 향상되고 자신의 일상에 더욱 의미를 부여하게 된다. 그리고 그 스토리가 계속 쌓이면 어느 순간 한 권의 책이 완성되는 것이다.

일단 일기를 쓰는 것처럼 편안하게 시작해 보자. 일상적인 것에서부터 시작해서 좀 더 자신만의 특화된 분야로 글의 범위를 확장해 나가면 된다. 그렇게 하다 보면 나의 인생 2막을 준비하는 과정부터 진행 중인 내용까지, 자신만의 스토리가 완성된다. 누구나 일상적인 이야기를 쓸 수 있지만 인생 2막의 스토리는 자신만의 이야기이고, 자신만이 쓸 수 있다. 그리고 그 콘텐츠에 있어서는 내가 전문가다.

내가 처음 블로그를 개설했을 때가 생각난다. 그때 시작은 우리 아이들에 관한 이야기로 시작했다. 아이들의 일상, 키즈 카페, 박물관 견학 등 특별한 일상들을 주로 올렸는데 생각보다 조회 수가 올라가지 않았고 블로그 이웃 수의 증가도 없었다. 블로그를 처음 개설하고 블로그에 무지했던 시절에는 내가 글을 올리면 엄청나게 많은 사람이 내 글을 읽을 거라고 막연히 기대했었다.

그런데 조회 수는 0, 이웃이라고는 신랑뿐이었다.

우울했다. 왜 내 글을 읽지 않는 거지? 서점에 가서 네이버 블로그 운영과 관련한 책을 구입해서 읽었다. 충격이었다. 내가 너무 무지했구나! 글만 쓴다고 해서 사람들이 읽는 것이 아니었다. 이미 육아와 관련해서 엄청난 블로그와 글들이 쏟아져 나온 상황이었다. 너무 쉽게 생각했던 것이다. 그리고 포기했다. 내가 이미 포화된 시장에 들어가는 것은 무의미하다고 생각했다.

그러다가 네이버 포스트(Naver post)를 알게 되었고 다시 글을 쓰기 위해 포스트를 시작하게 되었다. 그 당시 포스트는 새로 생겨난 콘텐츠여서 글을 올리면 포털 사이트에 노출이 더 잘되었다. 몇 명이라도 내 글을 읽으니 자신감을 얻을 수 있었고 그때부터 꾸준히 글을 올리게 되었다. 그런데 포스트에는 한 가지 단점이 있었다. 블로그처럼 내 이웃을 꾸준히 관리할 수 없다는 점이었다. 누군가 많이 읽고 '좋아요'를 눌러주었지만 나와 소통하고 공감할 수 있는 사람들은 드물었던 것이다. 시작은 쉬웠으나, 내가 원하는 방향과는 맞지 않는다고 생각했다.

그래서 다시 네이버 블로그로 우회했다. 예전의 경험이 있었고, 꾸준히 내 데이터를 쌓아가야 한다는 내용을 어느 정도 숙지하고 있었기에 처음부터 무리한 기대를 하지 않고, 나의 이야기를 진솔하게 써 내려가기 시작했다. 당장 반응이 없더라도 조급해하지 않았다.

시간이 지날수록 한 명, 두 명 이웃이 늘어나기 시작했다. 뿌듯하고 기뻤다. 그러다가 네이버 사이트 메인에 내 블로그가 노출되면서 내 블로그의 조회 수는 폭발적으로 늘어났고 이웃 수도 확 늘어났다. 뭐든지 꾸준히 그리고 나의 이야기를 하는 것이 이 세상을 사는 데 있어 경쟁력이 있고 중요한 것임을 다시 한번 느끼게 되었다. 블로그가 나의 성공을 도운다고 하기보다는, 블로그에서 내가 하고자 하는 분야에 어느 정도 반응이 있다면 나도 확신과 자신감을 얻을 수 있는 것이다. 사람들이 어느 글에 반응하는지, 사람들과 소통하며 어떤 것을 필요로 하는지 알게 되면 나의 미래를 준비하는 데도 도움이 된다.

## ☆ 내 이름이 나의 브랜드가 되다

대학교 때까지 나는 내 이름 석 자로 살아왔다. 그러나 취업하고 10년이 넘는 세월 동안 내 이름보다는 모 회사의 대리, 과장이라는 직함이 나 자신을 설명하는 명칭이었다. 상대방에게 나를 소개할 때도 상대는 내 이름보다 나의 소속과 직급을 더 중요하게 생각했다.

그런데 회사 밖을 나오면 나는 철저히 내 이름 석 자만 가지고 일해야 한다. 회사를 나가는 순간 회사와 관련된 나의 인간관계는 물거품처럼 사라진다. 내가 대기업의 과장이었던 것은 그 조직에 있을 때만 인정되는 것이다. 나와 함께 업무를 수행했던 협력 업체, 이해관계가 얽혀 있던 사람들은 내가 회사를 떠나는 순간 '나'라는 존재를 잊는다.

예전에는 회사 타이틀이 내 얼굴이었고 그 타이틀에 의지해서 일했다. 그러나 조직 밖에서의 나는 아무것도 아니다. 그냥 내 이름 석 자만 남을 뿐이다. 이제부터 치열한 생존 경쟁이 시작된다. 대기업이라는 간판도, 과장이라는 직함도 없다. 아무것도 남지 않은 채로 나 혼자서 모든 것을 이루어 내야 한다는 것이다.

예전에 있던 조직의 힘을 빌려 무언가를 하려고 하지 말자.

워킹맘, 회사를 그만두고 캐나다로 미니은퇴를 떠나다

내가 그 조직에 있을 때 알고 지낸 관계라고 해서 그만둔 뒤에도 그것을 믿고 연락한다면 전관예우 차원에서 몇 번의 도움은 받을 수 있겠지만, 딱 거기까지가 끝이다. 사회는 냉정하다. 내 실력으로 평가받고 내 실력으로 경쟁해야 한다. 이 사항을 반드시 명심하고 인생 2막을 준비해야 한다.

이제부터는 나 자신이 브랜드이고 나 자신이 나의 모든 것을 대표한다. 더 이상 대기업이라는 간판도 없고 직급도 없다. 부담은 되지만 좀 더 나다운 인생을 살아가고 싶다. 회사를 나왔을 때 아무것도 남지 않는 인생보다 회사 밖에서도 내 이름 석 자로 기억될 수 있는 사람이 되고 싶다.

그럼 어떻게 나를 브랜드화할 수 있을까? 이 세상에 어떻게 나라는 사람을 알릴 수 있을까? 인터넷을 통해 우리를 알릴 방법은 생각보다 다양하다. 누구나 쉽게 진입할 수 있지만, 그만큼 경쟁도 치열하다. 새로운 것이라고 자신했던 것도 단어 하나만 검색해 보면 연관 자료가 주르륵 나오는 세상이다. 이런 세상에서 어떻게 나 자신을 차별화할 수 있을까? 역시 자신만의 스토리가 나를 차별화할 방법이다. 자기가 하려는 분야에서 나만의 콘텐츠를 확보해야 하는 이유다.

우리 부부는 책을 출간한 뒤 책을 홍보하기 위해 노력했다. 출간 전 연재를 하기 위해 온라인 홍보 페이지를 구성하고, 댓

글 이벤트까지 해서 우리 책을 보내 주기도 했다. 서점에 가면 일단 우리 책이 어디에 있는지부터 찾아보았다. 어느 날은 책을 가방에 싸 들고 가서 서점 직원에게 "이 책이 우리 부부가 출간한 책인데 이 서점에 없는 것 같아서요."라며 책을 홍보하기도 했다.

신랑은 나의 행동에 고개를 절레절레 저었다. 심지어 내가 서점 직원에게 책을 홍보하는 동안 자신은 멀찍이 떨어져 서 있기까지 했다. 거절의 두려움이었으리라. 그 서점 직원은 우리 부부의 책을 검색해 보더니 주문을 넣어 주었다. 나는 우리 책이 들어오면 어디에 위치하는지, 좀 더 좋은 위치로 넣어줄 수 없는지 등을 여쭤보며 부탁을 드렸다. 지금 생각하면 나도 참 얼굴이 두껍다.

사실 내가 그렇게 당당한 성격은 못 된다. 앞서 얘기한 것처럼 나는 굉장히 소심한 성격이고 나의 주장을 얘기하는 데 매우 소극적이기 때문이다. 그런데 또 나와 직접 관련된 분야, 간절한 분야에서는 예상치 못한 힘을 발휘하기도 한다. 이게 바로 대한민국 아줌마의 힘이리라. 엄마는 그래서 위대하다. 이 서점에서 우리 책은 꾸준히 팔렸다. 대형서점임에도 불구하고 여전히 입구의 앞자리에 배치되어 꾸준히 판매되는 우리 부부의 자칭 스테디셀러다.

이러한 노력의 과정들이 없었다면 우리 책은 지금쯤 서점 구석 어딘가에 처박혀 소리 없이 잠들어 있었을 것이다. 그리고 나 또한 인생은 쉽지 않은 것이라며 나의 부족함을 인정하고 다시 회사로 돌아가 불만을 꾹꾹 눌러 참으며 버티고 있지 않았을까?

대한민국 엄마들이여, 포기하지 말자! 할 수 있다.

이때부터 우리 부부는 우리 책을 홍보할 수 있는 온갖 채널을 다방면으로 알아보게 된다. 블로그는 블로그대로, 그리고 네이버에서 신규로 론칭한 오디오 클립이라는 채널도 제휴 제안을 맺고 운영했다.

퇴근하면 우리 부부는 오디오 클립을 방송하기 위한 원고를 쓰고 아이들을 재운 뒤 조용한 방에 들어가 녹음을 했다. 그리고 블로그도 회식이나 중요한 모임이 있는 날을 제외하고는 하루에 한 개씩 꼬박꼬박 올렸다. 어찌 보면 대단한 것은 아니지만 꾸준함의 힘이다. 채널을 다양화하자 우리 블로그로 이웃이 유입되는 경로 또한 다양해졌다. 어느 날은 신랑의 오디오 클립이 네이버에 노출되고 또 어느 날은 내가 올린 블로그 글이 네이버에 노출되었다. 이처럼 우리 블로그는 남들보다 비교적 뒤늦게 시작했지만, 부부가 함께한 노력을 통해 불과 4개월 만에 700명의 이웃 수를 돌파하고, 오디오 클립의 경우 그

수가 2,900명을 넘어섰다.

수많은 사람이 블로그를 개설하고 활동해 왔는데 나는 왜 그동안 아무것도 하지 않았을까. 그 후회가 참으로 컸다. 그래서 앞으로의 미래에서는 누구보다 빨리 앞서가는 트렌드 리더가 되겠다는 다짐을 하고, 미래 기술의 방향에 관심을 많이 가졌다. 그러던 중 지금의 초등학생들을 비롯한 젊은 세대들은 글보다 영상에 관심이 많고 앞으로 콘텐츠의 방향도 그쪽으로 옮겨갈 것이라는 기사를 접하게 되었다. 이번 기회에는 절대로 뒤처지지 않으리라 다짐했다. 그래서 스스로 영상을 제작하는 것을 배우기로 결심했다. 바쁜 시간을 쪼개어 영상 제작을 배울 수 있을 곳을 알아보았고 오프라인 1회, 온라인 10회 강의로 진행되어 워킹맘에게 적합한 강의를 찾았다. 그리고 주말에 두 아이를 신랑에게 맡기고 나는 이른 아침부터 유튜브 강의를 듣기 위해 강남역으로 향했다.

영상 제작에 대한 나의 의지는 누구보다 컸고 남달랐다. 나는 몇 주 전부터 유튜브 제작 도서를 구매해서 집에서 혼자 프로그램을 깔고 책에 나온 과정을 스스로 따라 해 보았다. 그리고 혼자 잘 안 되는 부분을 메모하고 오프라인 수업에서 물어봐야겠다고 생각했다. 소규모로 진행되는 강의여서 선생님이 1:1로 집중 코치를 해 주셨다. 나와 같은 주부가 많다 보니 기본적으로 컴퓨터를 다루는 실력부터 편차가 컸다. 심지어 첫 강의에 출석하기 전에 프로그램을 깔고 오라고 공지했음에도 기본적인 것조차 해 오지 않은 사람들도 수두룩했다. 나는 다시 한번, 같은 수업이라도 자신이 스스로 필요에 의해서 열정적으로 배우는 사람은 태도부터 다르고 그 결과 또한 다르겠다고 생각했다.

혼자서 낑낑대며 하던 것도 수업을 들었더니 명쾌하게 이해하게 되었다. 나 혼자 했다면 한두 시간 걸려서 할 것들을 10분이면 끝낼 수 있었다. 영상을 제작하는 것이 재미있었다. 억지로 하는 것이 아니다 보니 시간 날 때마다 '오늘은 어떤 새로운 콘텐츠를 제작해 볼까?'라는 생각을 하고 어떤 순서로 내용을 구성할지 머릿속에 생각을 떠올렸다.

나의 일상이 변해가고 있었다. 유튜브 또한 블로그처럼 처음에는 일상적인 것들을 올렸다. 초보이다 보니 영상도 어딘가 어색하고 매끄럽지 않았지만, 그래도 내가 공을 들여 만든 영상을 볼 때면 뿌듯했다. 그런데 유튜브 시장에서도 나는 후발주자였다. 웬만한 콘텐츠는 다 있었고 내가 그 속에서 살아남기 위해서는 또다시 나만의 이야기가 필요했다.

그래서 이제 일상적인 콘텐츠 제작에서 좀 더 차별화된 콘텐츠로 옮겨 가기로 했다. 그러던 중 네이버에서 동영상 부분을 강화한다는 발표를 했고, 나는 신규 시장에 맞춰 선발주자가 되기로 결심했다. 네이버 TV에 내 페이지를 개설하고, 짤막한 동영상을 제작하여 블로그에도 추가했다. 그리고 남들과 차별화된 콘텐츠 주제를 찾다가 '우리 가족의 캐나다 1년 살기'를 콘텐츠 주제로 삼았다. 일단 방향을 잡으니 캐나다 1년 살기 준비 과정부터 시작해서 어떤 콘텐츠로 선보일지 그 방향까지 구상하게 되었다. 그러면서 우리 가족의 캐나다 1년 살기는 더욱 풍부하고 차별성 있게 계획할 수 있었다.

아마 이런 시도가 없었다면 나는 남들처럼 1년 동안 아이들 학교 보내고 대충 시간을 보내다 아이들을 픽업하고, 맛집에 찾아가는 정도의 콘텐츠밖에 가질 수 없었을 것이다. 그러나 나를 브랜드화하고 차별화된 강점을 찾아가는 과정에서 다양한 아이디어가 지속해서 쏟아져 나오게 되었다.

캘리그래피를 배워서 캐나다 친구들에게 선물하고 캐나다에서의 일상을 수채화 캘리그래피로 표현하여 한 권의 책을 만들어 보면 어떨까? 우리 부부의 강점인 재테크에 집중하여 돈 쓰러 가는 것이 아닌 돈을 벌며 해외 살기를 하는 시스템까지, 우리는 지속해서 새로운 시장을 개척해 나갈 준비를 하게 되었다.

이 과정에서 억지로 하는 것은 단 하나도 없었다. 모두 내가 너무 즐거워서, 하고 싶어서 나 스스로 찾아서 하는 것들이다.

워킹맘, 회사를 그만두고 캐나다로 미니은퇴를 떠나다

당연히 억지로 꾸역꾸역하는 사람과는 차이가 날 수밖에 없다. 비록 나의 길을 찾아가기가 쉽지 않았고, 지금도 제대로 하는 것인지 가끔 의문이 들 때도 있지만, 이제 나는 확신을 갖고 움직인다. 지금 내가 사는 이 삶이 내가 그토록 간절히 바라던 삶이었기에.

## ☆ 자녀에게 책으로 나의 인생을 물려주다

자녀를 위해 부를 물려준다? 일단 내 노후를 준비하기에도 벅찬 인생이다. 우리가 부모로서 자녀에게 물려 줄 수 있는 것은 자녀를 출산하고 성장시키는 과정의 도움까지만이다. 그것은 남이 대신해 준 사교육으로 대체될 수 없다. 자녀가 행복한 아이로 성장할 수 있도록 부모가 노력한 것만이 아이에게 남는다. 아이들은 부모가 아무리 값비싼 과외를 시켜주고 비싼 학원에 등록시켜 준다고 해서 그것을 감사하다고 생각하지는 않는다. 힘들더라도 아이를 부둥켜안고 정성스레 읽어준 책, 놀이터에서 온몸으로 함께 놀아 줬을 때, 가족이 함께 놀러 갔던 추억 등이 아이들의 가슴속에 행복한 추억으로 남는 법이다.

아이가 어릴 때는 부모의 손길이 많이 필요하다. 그 시기는 부모로서 자녀에게 해 줄 수 있는 것에 최선을 다해야 한다. 그리고 아이들이 성장함에 따라 아이들이 스스로 할 수 있도록 멀찍이 떨어져서 지켜봐 주는 인내가 필요하다. 그때는 아이를 도와주고 싶어도 참는 것이 진정으로 아이를 도와주는 길이다.

그런데 대부분의 부모는 정반대로 행동한다. 아이가 어릴 때는 몸이 힘들다는 이유로 아이를 어린이집에 맡기고, 학원에 맡긴다. 그리고 그것을 아이를 위한 길이라고 자신을 위안한다. 그리고 아이가 크면 그때는 오히려 도움이 필요 없는데 자꾸만 아이의 인생에 참견한다. 사사건건 참견하고 혼자서 할 수 있는데 자꾸만 무엇인가를 해 주려 든다. 정반대로 하니 아이들과 자꾸 말썽이 생길 수밖에 없는 것이다.

나는 적당히 잘하고 있는 엄마다.

사실 적당히 하는 게 더 어렵다. 나는 아이들에게 너무 최선을 다하는 엄마가 되지 않으려고 한다. 아이에게 관심을 쏟는 것도 중요하지만, 뭐든 적정선이라는 게 있다. 과도하게 신경을 쓰는 엄마가 있는가 하면, 너무 방임하는 엄마도 있다. 적당히 하는 게 오히려 어려운 것이다.

아이가 태어났을 때 아이에게 쏟는 관심이 100이었다면, 아이가 성장함에 따라 그 관심을 조금씩 줄여나가야 한다. 아이가 스스로 할 수 있도록 말이다.

나는 두 아이를 낳고 회사에 다니랴, 육아하느라 한동안 다른 것에 신경 쓸 여유가 없었다. 첫 번째 육아휴직을 떠올리면 지금도 아찔하다. 그때는 '나'라는 사람을 잊고 살았다. 그러나 두 번째 육아휴직에 들어간 지금, 예전과는 상황이 많이 바뀌었다. 두 아이가 유치원을 다니고, 스스로 하는 것이 많아졌다. 그래서 내 시간이 생겼고, 나를 돌아볼 수 있는 여유가 생겼다.

나는 요즘 너무 바쁘다. 할 일도 많고, 하고 싶은 것도 너무 많기 때문이다. 신랑은 요즘 나에게 "어떻게 회사 다닐 때보다 더 바쁘냐?"고 묻는다. 실제로 그렇다. 사실 나는 가만히 있지 못하고 무언가를 계속 찾아서 해야 하는 성격이다. 어찌 보면 자신을 피곤하게 만드는 유형일 수도 있다. 그러나 예전에도 바빴고 지금도 바쁘지만, 지금의 바쁨은 조금 다르다.

예전의 바쁨은 나 자신에 대해 아무것도 모르고 무작정 바쁘게 움직였던 시기다. 무언가 끊임없이 열심히 했지만, 나의 행복과는 조금 동떨어져 있었다. 어떤 필요에 의해서, 의무감에 의해서, 아니면 그냥 불안해서 그렇게 바쁘게 살았다. 그런데 지금의 바쁨은 그때와는 조금 다르다. 지금 나는 계속해서 나를 알아가고 있다. 내가 무엇을 할 때 행복한지, 나는 어떻게 살고 싶은지 등. 지금 내가 하는 모든 것은 필요에 의한 것도, 의무감에 의한 것도, 불안해서 하는 것도 아니다. 온전히 내 마음이 가는 대로 따라가고 있다. 예전의 바쁨이 '알 수 없는' 바쁨이었다면 지금은 '행복한' 바쁨이다. 예전에는 '시간아, 빨리 가라'라고 생각했는데 지금은 '시간이 너무 빨리 가서' 탈이다.

아이를 적당히 키워야 하는 이유는 아이가 성장할수록 아이에 대한 관심을 줄이고, 그 관심을 나 자신과 부부에게 쏟아야 하기 때문이다. 아이의 행복을 위해서, 나와 우리 가족의 행복을 위해서다.

나에게 '적당히'란 무엇일까? 사교육에 의지하지 않으면서 내가 엄마로서 아이의 '그 시기에' 해 줄 수 있는 것들을 내 힘으로 해 주는 것이다. 내가 엄마로서 해야 할 의무를 다하는 것이다. 지금 그 의무에서 가장 중요한 것은 바로 사랑이다. 비록 내 몸은 힘들더라도 아이의 중요한 시기를 놓치고 싶지 않다. 이 시기만 잘 인내하면 아이는 스스로 너무나 잘 큰다.

나는 우리 자녀를 위해 무엇을 남겨줄 수 있는가?

요즘 부모들은 참 똑똑하다. 아이가 어릴 때 아이의 사진을 인터넷으로 잘 정리하여 한 권의 소중한 앨범을 만들어 주거나 블로그에 꾸준히 육아일기를 써서 그때그때 기록으로 남기

기도 한다. 예전이라면 어렴풋이 기억에만 남았을 일들이 이제
는 사진이나 글을 통해 기록으로 남아 자신의 어릴 적 모습을
상세하게 볼 수 있게 된 것이다. 이보다 소중한 보물이 어디 있
는가?

나는 우리 부부가 출간한 첫 번째 책을 자녀에게 물려줄 것
이다. 부모가 결혼, 출산 그리고 육아를 거치며 어떤 인생을
살아왔고, 어떻게 힘든 시기를 극복했는지, 그동안 우리 부부
의 노력을 고스란히 담아 아이들에게 남겨주려고 한다. 한 권
의 책이 나오기까지 저자가 얼마나 노력을 기울이고 정성을 쏟
는지, 책을 쓰면서 알게 되었다. 아이들에게 이래라저래라 백
날 이야기하는 것보다 한 권의 책이 더 강한 메시지를 남겨줄
수 있다.

## ☆ 한 권의 책이 시리즈가 되기까지

우리 부부가 첫 번째로 책을 출간한 지 얼마 지나지 않아 나
는 또 두 번째 원고를 쓰게 되었다. 책 쓰기는 나에게 큰 즐거
움이다. 여전히 회사에 다니느라 시간이 부족했지만, 이제 시
간 따위는 나에게 문제가 되지 않았다. 새벽 4시에 알람을 맞
춰 놓고 두 번째 책의 원고를 써 내려갔다. 두 번째 책을 준비

하지 않았다면 지금 내가 계획하는 새로운 인생 또한 없었을 것이다. 회사에 다니면서도 막연한 불안감에 이러지도 저러지도 못하는 인생을 살았을 텐데, 나는 책을 쓰고 생각을 정리해 나가면서 더욱 확신을 갖게 되었고 생각을 행동으로 옮기는 추진력도 얻게 되었다.

책을 출간하지 않더라도 자신의 인생을 마치 책을 내는 자세로 살아야 하는 이유다.

나는 두 번째 책을 출간하고 캐나다로 떠날 예정이다. 물론 캐나다로 떠나기에 앞서 이미 캐나다에서의 삶의 목차도 어느 정도 완성해 두었다. 그래야 캐나다에 가서도 내가 꿈꾸던 일상, 내가 계획했던 일들을 놓치지 않고 알차게 보낼 수 있기 때문이다.

한 권의 책을 내기 위해 맨 처음 목차를 써 내려갈 때의 기쁨을 아는가? 과거의 지난 일들이 한 편의 영화처럼 펼쳐질 수도 있고, 앞으로의 계획을 떠올리며 상상하는 기쁨이 될 수도 있다.

내 인생의 시리즈는 앞으로도 무궁무진하다. 워킹맘 인생 2막을 통해 가슴 설레는 일, 즐기는 일을 찾았는데 어찌 내 인생의 이야기가 한 권으로 끝날 수 있겠는가! 책을 써서 삶이 다이내믹해진 것인지, 삶이 다이내믹해서 책을 쓰게 된 것인지, 이것은 '닭이 먼저냐, 달걀이 먼저냐?'의 문제다.

5. 내 인생이 한 권의 책이 되다

# 6

진짜 내 인생을 살면서
받은 선물

그동안 내게 맞지 않는 '회사'라는 옷을 입고 다닐 때 느꼈던 불편함, 그 옷을 입고 있었을 때는 마음껏 행동하지 못하고 어색하기 그지없었다. 그러나 지금은 나에게 딱 맞는 옷으로 갈아입으니 날아갈 듯 마음이 편하다. 이제야 좀 숨통이 트인다.

진짜 내 인생을 살게 된 것만으로도 하루하루가 감격스러운데 예전에는 경험하지 못한 새로운 일들이 나에게 끊임없이 일어나고 있다. 대부분의 사람은 나이가 들수록 무기력해진다고 하는데, 나는 나이를 거꾸로 먹고 있다. 하루 24시간이 부족할 정도로 하고 싶은 일들이 많고 어린아이처럼 설렌다.

## ☆ 가슴 속에 품어 왔던 퇴사라는 카드

이제껏 가슴속에만 품어 온 퇴사를 드디어 해야 할 시간이 왔음을 느낀다. 소리 없이 갈고 닦아 온 나의 실력을 펼칠 시간이 된 것이다.

인생 100세 시대. 나는 이제 1/3 정도를 살았다. 남은 인생에서 나는 언제까지 회사에 다닐 수 있을까? 회사에 다니면서도 불안했다. 하루에도 수십 번씩 그만두고 싶다는 생각을 하면서 또 한편으로는 일은 계속해야 하는데 '언제까지 다닐 수 있을까?'라는 생각을 했다. 그만두고 싶은데 계속 다녀야 한다는 역설적인 상황 속에서 매일 괴롭게 살았다. 뭔가 잘못되어도 한참 잘못된 것이다.

계속 이대로 살다가는 노후에도 원치 않는 인생을 살다가 지나간 인생을 후회하며 죽게 될 것이다. 그 생각을 하니 머리를 한 대 얻어맞은 것 같았다.

'정신 차려! 지금 불평만 하고 있을 때가 아니라고!'

꿈을 이루기에 더 숙련되고 유리해진 나이. 수십 번, 수백 번 회사를 그만두고 싶어도 참으며 인내해 온 내 삶, 두 아이를 키우며 화를 억제하고 나를 다스리며 살아온 삶, 남편과 살며 소리 지르고 싶어도 참고 이해하며 살아온 삶….

그동안의 인생은 고되고 힘들었지만, 분명 나에게 '플러스(+)'가 되었던 시간이었다. 배움의 시간이었고 나를 단련하는 시간이었다. 이런 시간이 없었다면 나는 인생 2막을 준비하는 과정에서 쉽게 포기하고 말았을 것이다.

워킹맘 인생 2막은 취업을 하고 결혼, 출산, 육아를 하며 무작정 달려온 나의 삶을 되돌아보고, 자신이 좋아하는 일을 즐기며 노후를 준비하는 시기다. 인생 1막에는 체력도 있었고 젊음이라는 무기가 있었다. 그러나 2막은 다르다. 출산과 육아를 경험하며 육체적, 정신적으로 너무 많은 에너지를 소비했고 이제는 시도 때도 없이 아프다. 그런데 이 시기를 중요한 전환기로 삼고 자신을 갈고닦으면 인생 2막에는 오히려 활력이 넘치는 삶을 살게 될 것이다.

조직 내의 경쟁은 날로 치열해지고, 회사에서 40대에 퇴사하게 될지, 50대에 퇴사할지 모른다. 지금의 내 나이를 생각하면 얼마 남지 않은 시간이다. 지금부터 준비하면 노후에 꿈꾸던 일을 할 수 있지만, 준비 없이 회사를 나가면 자식에게 짐이 되고 노후에 원치 않는 일을 하며 버티는 인생을 살게 될 것이다. 그래서 워킹맘의 인생 2막은 중요하다.

## ☆ 선택의 기로에서 나는

"아무것도 하지 않으면, 아무 일도 일어나지 않는다."

맞는 말이다. 그런데 오히려 "그 상황이 더 좋은 것 아니냐?"라고 반문하는 사람이 있을지도 모르겠다. 당장은 편할지 모르겠지만, 먼 미래를 내다보지 못하는 행동이라고 생각한다.

나의 일상을 설레는 일로 가득 채운 뒤, 많은 일이 일어나고 있다. 아무것도 하지 않으면 아무 일도 일어나지 않았을 텐데 이것도 해 보고, 저것도 해 보니 많은 일이 일어나게 되는 것이다. 그리고 다양한 선택의 기로에 서게 된다. 남들에게는 길이 하나라면, 나에게는 선택할 수 있는 옵션이 그만큼 늘어나는 것과 같다.

선택의 옵션이 늘어나니 전혀 예상하지 못했던 방향으로 인생이 흘러가기도 한다. 우리 가족이 다 함께 캐나다로 미니은퇴를 떠나게 된 것처럼 말이다. 이제는 선택의 기로에서 더 이상 예전처럼 괴롭지 않다. 나는 두 가지 기준을 가지고 단순하게 행동한다.

- **첫째, 어떤 선택을 했을 때 내가 더 행복할까?**
- **둘째, 미래의 행복을 위해서 지금 나는 어떤 선택을 해야 할까?**

이 기준을 적용해 보면 결정에 대한 불안감보다는 할 수 있다는 자신감이 먼저 샘솟는다. 후회하는 인생보다는 노력하는 인생을 살고 싶다. 미루고 미루다 결국에는 하지 않고 지나가 버린 시간을 후회하기보다는 일단은 지르고 나의 선택이 옳은 것이 되도록 노력하는 삶이 좋다. 설령 잘못된 결정이었다 하더라도 그것 또한 배움이다.

지금 내가 하는 모든 것 중에서 의미가 없는 것은 하나도 없다. 당장은 별것 아니라고 생각했던 일들도 나중에 보면 어떻게든 나에게 도움을 주기 때문이다.

## ☆ 나는 내가 원할 때 퇴사한다

나는 승진하고 조직에서 좋은 평가를 받으며 회사 생활을 잘하고 있다. 잘하고 있는데 그만두려고 하니 부모님을 비롯한 주변 사람들이 나를 말렸다. 어떻게 들어간 회사인데 거기를 그만두냐고, 거기 들어가려고 기를 쓰고 준비하는 사람들이 줄을 섰는데 왜 그만두냐고, 그리고 승진까지 하고 회사에서 그만두라고 하는 것도 아닌데 제 발로 나가다니, 너 제정신이야? 그렇다. 나는 아주 멀쩡하다. 그래서 이성적으로 생각한다.

나는 이 조직에 언제까지 남아 있을 수 있을까? 이 조직에서 내 능력의 한계치는 어디까지일까? 이 조직은 나를 언제까지 필요로 할까?

나는 집에서 살림만 하고는 못 산다. 계속 일을 해야 한다. 나와 우리 회사를 냉정하게 판단하고 이성적으로 대답해 봤다. 나는 올해 과장으로 승진했다. 다음 승진까지는 4년이 남았다. 크게 문제만 일으키지 않고 내 역할만 잘하면 차장 승진 전까지는 버틸 수 있을 것이다.

그런데 차장 승진은 지금 회사 분위기상 바로 되기가 쉽지 않을 것 같다. 이미 승진에서 누락한 직원들이 줄줄이 대기하고 있고, 2009년부터 회사에서 채용을 왕창 늘려서 그 인원들이 또다시 승진 대상으로 쏟아져 나왔다. 과장되기도 힘들었는데 차장되기는 바늘구멍에 실을 꿰는 정도이고, 부장되기는 낙타가 바늘구멍에 들어가는 정도다.

나는 차장 승진까지 남은 4년, 그리고 승진에서 누락한다고 해도 버틸 수 있는 기간을 최대 4년(물론 그 전에 잘리는 경우도 있다. 간부 직원이 되고부터는 노조가 없어 나를 보호해 줄 사람이 없기 때문이다)으로 계산했다. 최대로 잡으면 총 8년 정도는 버틸 수 있을 것 같았다.

내가 너무 겸손했나? 나의 능력을 너무 과소평가했나?

그게 아니라 이 조직에서 살아남기 위해 요구되는 역량이 너무나 많았다. 능력, 아부, 내세우기, 운 등 위로 올라갈수록 한두 가지만 가지고 되는 것이 아니라 거의 모든 것을 다 갖춰야 하니 내 능력 밖인 것들도 상당히 많았다. 그래서 그때부터 능력은 당연한 것이고, 운에 기댈 수밖에 없는데 운에 기대어 살기에는 그 위험이 너무 컸다.

누구는 능력 있고 운이 좋아서 승승장구하는데, 누구는 능력은 있지만, 운이 없어 제자리에서 땅이 파이도록 허우적대다가 버려질 수도 있다는 말이다. 이 세상에 능력 있고 일 잘하는 사람이 얼마나 많은가? 분명 퇴사한 사람 중에 지금 남아있는 사람들보다 더 뛰어난 사람도 많았을 것은 분명하다.

나는 잘하고 있고, 능력도 있고 뛰어난 사람이지만 남은 인생을 운에 기대기보다 내가 좋아하는 일에서 능력을 발휘하며 살고 싶었다. 운이 없었다고 한탄하고 억울해하며 살기보다는 내가 주도적으로 내가 한 만큼 평가받으며 살고 싶었다.

누구의 판단이 옳고 누구의 판단이 그른 것은 아니다. 자기의 판단을 믿고 각기 다른 길을 가는 것뿐이다. 나는 높이 올라가는 것이 목표가 아니라, 하고 싶은 일을 하며 좀 가늘더라도 길게 가고 싶었다.

어쨌건 내가 회사에서 버틸 때까지 버티다가 나이가 들어 나오게 되면 그때는 무언가를 새로 시작하기에는 좀 애매하거나 늦을 때일 것 같다는 생각이 들었다. 나에게 무언가를 시작하기 좋은 나이란, 내 기준으로 따져 보면 아이들도 어느 정도 크고, 우리 부부가 너무 늙지도, 너무 젊지도 않은 시기다.

내 분야에서 굳건히 버텨낸 힘과 미래를 위한 꾸준한 노력이 뒷받침되어 자신 있고, 준비된 시기라는 것은 더 이상 말할 필요도 없다. 나의 진짜 인생을 위해, 한 번 더 높이 뛰기 위해 체력이 남아있을 때 일보 후퇴하는 것뿐이다.

**# 회사에서의 나쁜 기억을 좋은 기억으로 바꾸다**

당신은 오랫동안 정든 곳을 떠나게 된 기억이 인생에서 몇 번이나 되는가? 되돌아보면 학창 시절을 빼고는 생각보다 많지 않을 것이다. 우리 집보다 더 오랜 시간을 보냈던 곳. 내 남편보다 직장 동료들과 밥을 같이 먹은 횟수도 더 많고, 우리 아이들보다 회사 동료들과 보낸 시간이 더 길다.

대기업 12년 차 워킹맘에게 회사는 그런 곳이다.

대학 졸업을 앞두고 취업 전쟁에 뛰어들어 취업이 안 되면 어쩌나 하며 가슴을 졸이며 보냈던 그때, 나는 회사 합격 문자를 받고 날아갈 듯이 기뻤다. 이 회사에 나의 모든 것을 다 바치리라 다짐했다. 밤늦도록 야근하고 주말에 출근했어도 괜찮았다. 우리 부모님에게 나는 자랑스러운 딸이었고, 이 회사에 다니는 것만으로도 나는 자부심을 느꼈다.

회사의 지인을 통해 지금의 신랑을 만났다. 회사는 지금의 우리 가족을 만들어 준 연결고리이기도 하다. 이 회사에 다니지 않았다면 신랑을 만나지 못했을 것이고 우리 가족이 없었을 것은 물론이다.

나는 회사에 다니며 결혼을 하고 두 아이를 출산했다. 학생의 신분에서 사회인으로, 부부로, 또다시 부모로, 나는 그렇게 성장했다. 두 아이를 낳고 육아휴직을 하면서 전업주부의 삶을 살아보았고, 그 또한 나에게 맞지 않음을 몸으로 느끼며 내가 조직에 속해 있음에 다시 한번 감사했다.

시련 없는 인생이 어디 있던가!

몇 년간 승진 누락을 경험하며 나는 나 자신을 더욱 갈고닦았고 소리 없이 성장해 나갔다. 그리고 그 경험을 통해 내가 살아온 방식을 송두리째 바꾸는 엄청난 경험을 하게 되었다. 승진 누락은 참으로 쓰라렸지만, 나의 내공은 점점 더 커졌다. 많은 것을 내려놓는 연습을 했다. 하나씩, 하나씩 내려놓기 시작하자 내 마음에 평온이 찾아오기 시작했다.

'득도한다는 게 이런 것일까? 참…. 인생, 살다 살다 별생각을 다 하는구먼'

드디어 승진했다. 대리로 승진했을 때와는 기분이 참 달랐다. 제때 승진을 했다면 잔치라도 했을 텐데 후배들과 같은 대열에 서서 승진을 했다. 승진 발표가 있던 날 나에게 축하 전화가 많이 왔다. 전화로는 감사하다고 하고 기쁘다고 했지만, 막상 나는 그날 아무런 기분도 들지 않았다. 하지만 이 말을 아무에게도 하지 못했다.

"승진했는데 아무 느낌이 없어."

얼마나 마음고생을 많이 했으면 이렇게 기쁜 순간에 메마른 감정이 드는 것일까? 나의 기대가 크지 않았다면 나의 실망도 크지 않았을 텐데, '나라는 사람이 그동안 참으로 욕심이 많았나 보다'라는 생각이 들었다. 그 시련을 딛고 나 자신과의 싸

워킹맘, 회사를 그만두고 캐나다로 미니은퇴를 떠나다

움을 이겨 냈다. 다른 사람과의 경쟁이 아니라 바로 나와의 싸움 말이다. 다른 사람과의 경쟁은 그 사람이 없으면 금방 무기력해지지만, 나와의 싸움은 그렇지가 않다. 항상 열정과 긴장을 불러일으키는 긍정적인 촉매제다. 나는 나와의 싸움을 이겨 내면서 엄청난 자신감을 얻었다. 그때 내가 포기하고 비관하며 슬프게 보냈다면 지금의 나는 없었을 것이라고 확신한다.

지금 힘들다고 생각하는 워킹맘이 있다면 반드시 자기와의 싸움에서 이겨 내길 바란다. 그 이후에는 새로운 세상이 펼쳐질 것이다. 정들었던 이 회사를 떠나도 이겨 낼 만큼, 나는 조직을 통해서 많이 성장했다. 무엇이든지 만남이 있으면 헤어짐이 있는 법이다. 막상 헤어질 때가 되니 모든 부정적이었던 기억들조차도 나에게 배움이요, 내 성장의 원동력으로 바뀌게 되었다.

이 회사에서 안 좋게 나왔다면 회사에서의 모든 순간이, 젊은 내 인생이 끔찍한 기억으로 남았을 것이다. 이제 이 회사는 나에게 감사한 곳으로 기억된다. 그리고 내 인생에서도 감사한 추억으로 기억의 한 공간에 저장될 것이다. 길을 걷다 회사 로고가 보이면 생각나겠지? 내가 매일 걸었던 출근길을 지나치게 되면 옛 생각이 나겠지? 나에게 애틋한 첫사랑 같은 곳, 이제 안녕.

## ☆ 강의 좀 부탁드립니다

자기가 좋아하는 분야에서 열정을 가지고 꾸준히 지속하다 보면, 언젠가는 그 분야에서 사람이 필요할 때 누구보다 먼저 찾는 사람이 될 것이다. 그리고 즐기는 일이기에 하면서도 스트레스를 받지 않고, 열정이 있기에 쉽게 포기하지 않고 이어 갈 수 있다.

나는 내가 좋아하고 자신 있는 분야로 책을 출간했고, 책을 홍보하기 위해 다방면으로 노력했다.

그러던 어느 날, 메일이 한 통 와 있기에 열어보았더니 강의를 주최하는 어느 교육 회사로부터 온 메일이었다. 맞벌이, 신혼부부를 대상으로 한 재테크와 육아 강의가 필요했는데 적합한 강사를 찾다 보니 우리 부부의 책이 검색되었고, 마침 블로그가 있어서 들어가 보니 내용도 너무 좋아서 블로그에 있는 메일을 통해 연락하게 되었다며 강의 요청을 해 주셨다. 서로 메일을 주고받으며 주말에 미팅을 하고 강의를 확정하게 되었다.

회사를 그만두고 내가 좋아하는 일을 하기 위해 그동안 준비해 왔는데 생각보다 일찍 내 꿈에 다가서게 된 것이다. 육아휴직으로 유예기간을 갖고 퇴사를 1년 미루었는데 중간에 나에게 기회가 주어지면서 나는 퇴사를 앞당기게 되었다. 육아휴직에 들어가고 불과 2개월 만에 퇴사했으니 무려 10개월이나 앞당기게 된 것이다! 꾸준히 노력하며 내 분야를 잘 닦아 나가니 이런 결과가 나왔다. 내가 원하는 미래와 점점 가까워지고 있다는 느낌을 받는다.

예전에는 매일 아침 출근길이 나에게는 곤욕스러운 일이었다. 데자뷔를 경험하듯이 나는 같은 길을 매일 걸어가고, 걸어오고 있었다. 그곳에 진정한 나의 삶, 나의 인생이라고는 없었다. 그런데 내 인생을 살기 시작하면서부터 나는 활력을 얻게 되었고, 그 분야에 열정을 갖고 꾸준히 길을 닦아 나가자 많은 사람이 나를 인정해 주고 알아봐 주기 시작했다.

아무런 준비도 없이 회사를 그만두었다면 나의 가치를 인정받을 수 없었을 텐데, 나는 전혀 다른 인생을 살게 되었다. 회사를 그만두면 큰일이 나는 줄 알았는데 나는 요즘 '인생을 이렇게 살 수도 있구나!'를 느끼며 하루하루 감사하게 생각하며 살아가고 있다.

# ☆ 저울의 수평을 맞추듯, 균형 잡힌 인생 살기

## # 신혼 그리고 출산 후의 변화

신혼 때는 우리 부부에게 맞춰진 삶을 살았다. 맞벌이 부부인 우리는 쉬는 날이면 근교로 여행을 가거나 재테크를 위해 부동산을 보러 다녔다. 그런데 첫째 아이를 출산하고 모든 상황이 순식간에 바뀌었다. 모든 게 아이에게 맞춰졌다. 데이트는 말할 것도 없고, 재테크에 신경 쓸 시간도 부족했다. 어른 둘이서 갓난아이 한 명을 감당하기도 벅찼기 때문이다. 시간이 지나고 육아가 조금씩 안정되면서 육아와 재테크, 이 두 가지를 부부가 하나씩 맡아서 전담하기로 했다. 육아, 재테크 어느 하나도 놓쳐서는 안 되기 때문이다.

우리 부부는 각자의 상황에서 그 업무를 더 잘할 수 있는 사람이 맡기로 했다. 그래서 나는 육아, 신랑은 재테크를 전담하게 되었다. 물론 서로 도와가면서 말이다. 완벽한 균형을 맞춰야 하는 게 아니라 그때그때 시기별로 중요한 것에 힘을 실어야 한다. 출산 초기에는 육아에 100% 집중했고, 얼마간의 시간이 지나자 출퇴근 시간을 활용하여 틈틈이 부동산을 알아보던 신랑이 아이들을 재우고 나면 재테크와 관련된 기사를 나에게 공유해 주었다. 그리고 주말에 두세 시간 정도 부모님이 아이들을 봐주실 수 있는 날을 미리 확인하여 아이들을 맡기고 연락해 두었던 부동산을 보러 가기도 했다.

고되고 힘들었던 시기가 지나고 아이들이 어느 정도 크자, 육아의 평화기가 찾아왔다. 우리 부부가 책을 읽고 있어도 두 아이는 함께 너무나 잘 놀았고, 부동산을 보러 갈 때 아이들을 데리고 가도 문제가 되지 않을 정도로 차분해졌다. 그렇게 시간이 지날수록 재테크에 할애할 수 있는 시간이 늘어나며 균형을 맞춰 나갔다.

우리 부부는 여전히 시소 놀이를 즐기듯 육아와 재테크를 즐기며 균형을 맞춰 나가고 있다. 육아에만 집중이 되어 있거나, 재테크에만 집중이 되어 있다면 한쪽에는 과도하게 집중되어 다른 한쪽은 불안정한 상태가 될 것이다. 부부가 젊을 때 육아, 재테크를 요리조리 왔다 갔다 하며 균형을 맞추는 노력을 한다면, 노후에는 시소가 '평형 상태'로 균형을 이뤄 안정된 생활을 해나갈 수 있을 것이다.

나의 인생 1막이 일과 육아를 병행하며 정신없이 바쁜 인생을 살아온 시기라면 인생 2막은 내가 좋아하는 일을 즐기며 여유를 누리는 삶이다. 인생 2막에 정해진 시기는 없다. 다만 나는 그 시기를 앞당기고 싶어서 남들보다 조금 일찍 준비한 것뿐이다. 아직은 원하는 인생에 완벽히 다가가지는 못했지만,

이전보다는 훨씬 가까워졌음을 느낀다.

무언가를 해야 할 시기가 닥쳐 무리하고 급하게 무언가를 하다 보면 반드시 부작용이 생기기 마련이다. 조급함에 잘못된 판단을 내리기도 하고, 중간에 실수하기도 한다. 하지만 평상시부터 조금씩 준비하면 설사 무언가가 잘못되었다 하더라도 수정할 수 있는 여유가 생긴다. 수평은 한 번에 맞추는 것이 아니다. 마음의 여유를 가지고 조금씩 맞춰 나가는 것이다.

나는 내가 그렇게 꿈꾸던 자유로운 워킹맘이 되었다. 내가 직접 아이들을 돌볼 수 있어서 마음이 놓이고, 무엇보다 아이들의 소중한 시기를 함께할 수 있음에 감사하다. 그동안에는 아이들이 유치원에 등·하원 하는 것을 시터분께 맡겼다. 그러다 보니 그런 순간조차도 엄마로서 제대로 함께해 주지 못했다. 그런데 나는 요즘 두 아이의 손을 양손으로 잡고 아이들을 유치원 버스에 태워 보내며 유리창 너머로 아이들에게 하트를 날린다. 누군가에게는 아무것도 아닌 일일 수도 있지만, 나에게는 너무나 소중하고 간절히 원했던 것들이다.

아이들이 유치원에 가고 나면 나에게는 6시간의 자유가 주어진다. 온전히 나의 일에 집중할 수 있는 시간이다. 그때부터는 내가 가는 곳이 회사가 된다. 기분에 따라서 카페에 가서 일하기도 하고 집에서 음악을 틀고 일하기도 한다. 때로는 베

워킹맘, 회사를 그만두고 캐나다로 미니은퇴를 떠나다

트남, 캐나다에 가서도 일한다.

## # 일요일 오후부터 찾아오는 고질병인 '월요병'이 사라졌다

예전의 나는 일요일 오후만 되면 머리가 아프고 예민해졌다. 그런데 신기한 일이다. 회사를 벗어남과 동시에 월요병 증상들이 사라졌다.

다른 때 같았으면 출근 준비를 하느라, 씻고 머리 감고 화장하는데 40분 정도 걸렸을 이 시간에 나는 두 번째 책의 원고를 쓰고 강의를 준비한다. 회사에 갈 준비하고 출근하는 시간을 버니, 2시간이 온전히 내 시간이 되었다. 나는 오전 시간, 가장 집중이 잘되는 시간에 핵심 업무를 끝내려고 한다. 내 라이프 사이클에 맞춰 졸리면 낮잠도 좀 자려고 했는데, 웬걸, 잠이 하나도 오지 않는다.

그동안 회사에 다녀야 한다는 이유로 매일 12시간 이상을 회사에 다니는 데 소비해야 했다. 물론 그 대가로 나는 매달 월급을 받았다. 그러나 지금 나는 돈 한 푼 받지 못하는 대신 무한한 자유 시간이 주어졌다. 마냥 좋아해야 할까? 아무도 나를 터치하지 않는다. 지각한다고 뭐라 할 사람도 없고, 일 못한다고 뭐라 할 사람도 없다. 하지만 스스로 자신을 통제하지 못하면 게으름과 나태함만 늘어날 뿐이다. 내가 나를 통제

할 수 있어야 비로소 진정한 자유를 누릴 수 있다. 그리고 자유에는 책임이 따른다.

**# 지친 일상에 활력을 주었던 나의 위시리스트**

나는 평소 내가 하고 싶은 것이나 좋은 아이디어가 떠오를 때마다 카카오톡 나와의 채팅에 적어 놓았다. 내 머릿속의 아이디어가 떠오르는 속도가 너무 빨라 휴대폰 작은 키보드에 써 내려가는 속도를 맞추기 힘들어 오타가 있더라도 급하게 마구 적어 내려갔던 기억이 새록새록 떠오른다. 생각만으로도 지친 일상에 활력을 샘솟게 하는 순간이었다. 내가 그동안 써 놓았던 위시리스트를 나중에 쭉 한번 훑어보았다.

'아! 이런 것도 있었네?' 메모하지 않으면 놓치게 되는 것이 생각보다 많다. 그래서 나는 잊지 않을 거라 장담하는 것들도 꼭 메모해 두는 편이다. 그리고 두 아이를 출산하고 나니 내 머릿속에 지우개가 들어간 것처럼 자꾸 까먹는 것들이 많아져 메모를 안 하면 심지어 불안하기까지 하다.

머릿속의 생각을 기록으로, 기록을 행동으로!

위시리스트에 적어만 두었던 것들을 하나씩 꺼내어 본다. 위시리스트에 있는 모든 것을 다 실행하는 것은 힘들 수 있겠지만, 작은 것이라도 하나씩 실행에 옮겨 보는 것은 나의 일상을

워킹맘, 회사를 그만두고 캐나다로 미니은퇴를 떠나다

더욱 풍요롭게 만든다. 그리고 앞으로도 더 많은 위시리스트로 나의 일상을 채워 나갈 것이다.

## ☆ 당당한 나, 멋진 아내, 자랑스러운 엄마

소심했던 나. 내 생각을 쉽게 꺼내지 못하고 꽁꽁 숨겨왔던 나. 지금껏 이렇게 살아온 내 성격을 바꾼다는 것은 너무 힘들었다. 내 성격을 잘 알기에 조직에서 위로 갈수록 살아남기가 힘들 것이라고 생각했다. 그리고 그것이 오히려 남들보다 퇴사를 일찍 준비하게 된 계기가 되었는지도 모른다.

나는 학창 시절부터 나보다 잘사는 친구들을 보면 그렇게도 부러웠고, 나도 그렇게 되고 싶다는 생각을 수없이 해 왔다. 책도 많이 읽고, 부자가 되고 싶어서 온갖 재테크 책을 사다 읽으면서 신입사원 때부터 주식, 펀드, 새로운 금융 상품까지 안 해본 것이 없었다. 나는 그런 면에서는 또 겁이 없고 대담하다. 그런데 아무리 이것저것 다 해 보고 노력해 봐도 내 자산에는 큰 변동이 없었고, 계속 이렇게 해도 내가 그들처럼 부자가 될 것 같지는 않았다. 그래서 내 생애 동안 그런 삶은 불가능하다고 생각했다.

그런데 신랑을 만나고 나는 많이 바뀌었다. 책을 좋아하던 나는 신랑을 책으로 이끌었고 신혼 때부터 함께 재테크 책을 열심히 읽었다. 혼자였다면 시도하지 못했을 과감한 결정을 나는 신랑과 함께하며 믿음과 확신을 가지고 움직였다. 다른 부부들이 TV를 보거나 스마트폰으로 연예인 기사를 검색할 때 우리 부부는 부동산을 탐색했고, 열심히 집을 보러 다녔다. 꾸준히 배우고 실행에 옮긴 결과 우리 부부는 결혼 6년 만에 결코 이뤄낼 수 없는 재테크를 해냈다. 나는 모든 과정을 통해 '하면 되는구나'라는 진리를 실감했다. 우리는 다른 사람들보다 빨리 꿈꾸던 집에 살게 되었고, 다른 사람을 부러워하기보다 다른 사람들이 나를 부러워하는 삶을 살게 되었다.

이 세상에는 셀 수 없을 정도로 부자가 많다. 부자의 기준은 모르겠지만, 나는 부자다. 꿈을 이룬 부자이고, 여전히 꿈이 많은 마음의 부자다. 나는 이제 당당하고 남편에게는 멋진 아내이며, 아이들에게는 자랑스러운 엄마다.

워킹맘, 회사를 그만두고 캐나다로 미니은퇴를 떠나다

# 7

캐나다로
미니은퇴를 떠나는 가족

남의 일이라고만 여겨졌던 해외에서 살아 보기. 맞벌이 부부인 우리에게 요즘 유행하는 '해외 살기'는 막연한 로망이었지 그것이 가능할 거라는 생각은 단 한 번도 해 본 적이 없었다.

나는 역마살이 있을 정도로 여행을 좋아하고 외국 생활에 대한 로망이 있는 사람이다. 그런 내가 조직 생활을 하면서 그동안 열망을 꾹꾹 눌러 잠재웠다. 혼자일 때는 여행이라도 많이 다녔지만, 두 아이를 낳고 여행이 고생이 되면서 장거리 여행은 접어 두었다. 그런데 두 아이가 크니 '이제 어디에 나가도 되겠다'라는 용기가 생겼고, 잠들었던 나의 욕망이 또다시 꿈틀대기 시작했다. 회사에 다닐 때는 '한 달 살기'조차 꿈도 꾸지 못할 일이었는데 회사를 그만두면 그동안의 모든 제약이 없어지는 거였다. 그렇게 한 달 살기를 계획하다가 1년 살기를 계획하게 되었고, '살아보고 좋으면 아예 거기 가서 살까?' 이런 생각까지 하게 되었다.

## ☆ 조금 느리게 사는 연습

나는 성격이 굉장히 급한 편이다. 물론 처음부터 그랬던 것은 아니다. 직장 생활을 하다 보니 보고 시한이 있고, 신입사원 때부터 본사에서 긴급을 필요로 하는 업무를 맡게 되어 일을 빨리 처리하는 습관이 몸에 배었다.

윗사람은 빨리 보고받기를 원하고 나는 그 속도를 따라가지 못하니, 늦게까지 남거나 새벽에 출근해서 자료를 마무리 지었다. 처음에는 오래 걸리던 일도 시간이 지날수록 속도가 빨라졌다.

칭찬은 고래도 춤추게 한다는데 나는 직장 상사로부터 칭찬을 받으면 춤이라도 출 듯이 기뻤다. 누구인들 안 그런 사람이 있겠냐마는 내가 자료를 잘 만들어서 윗사람이 만족스러워하면 그것만으로도 뿌듯했고, '다음번에는 더 잘해야지'라고 생각하며 내 업무에 몰입했다.

그리고 어떤 상황에 부닥쳤을 때 항상 상대방의 처지에서 생각하고 업무를 처리했기에 상사의 급한 마음을 헤아려 시한보다 빨리 보고를 드리거나 지시사항 외에도 상사의 의사 결정에 도움이 될 만한 추가 자료를 만들어서 보고하기도 했다.

사실 신입사원 때는 긴급을 필요로 하는 업무를 감당하기 힘들어 숨통이 막히기도 했다. 그런데 이것이 습관이 되자 남들보다 업무를 처리하는 속도가 빨라졌고, 상사의 눈높이에 맞춰 업무를 처리하다 보니 큰 그림을 보며 업무에 임할 수 있게 되었다.

우리나라 사람은 해외에 나가면 뭐든 오래 걸려서 답답함을 참지 못한다고 한다. 우리나라의 '빨리빨리' 문화가 사람들을 그렇게 만든 것이다. 우리는 좁고, 경쟁이 치열한 사회에서 살아남기 위해 남들보다 더 빠르고 민첩하게 움직여야 했다. '빨리빨리' 문화는 우리를 편하게 만들어 주기도 하지만, 다른 한편으로는 모든 사람이 그만큼 숨 쉴 여유조차 없이 바쁘게 움직이고 있다는 현실의 반영이기도 하다.

어쨌건 한국에 살며 이러한 습관은 나에게 단점보다 장점이 훨씬 많았던 것은 분명하다. 물론 내가 빨리하는 만큼 상대가 그 속도를 맞춰주지 못하면 답답하기도 했지만 말이다. 이러한 습관은 가정으로 이어져 나는 할 일이 남아있으면 신경이 쓰여서 다른 것에 집중하지 못했고, 조금 기다려도 될 일을 가지고 상대방을 재촉하기도 했다.

하지만 캐나다에 가면 모든 것이 느려진다.

택배를 받으려면 며칠이 걸릴지 모르고, 병원에 가서도 한참을 기다려야 한다. 음식을 주문하고 곧 나오지 않더라도 인내심을 갖고 기다려야 한다.

하지만 캐나다에서 지내는 동안 온전히 그 나라의 문화 방식대로 살아 보려고 한다. 그동안 내가 살아온 방식과 너무 다르기에 처음에는 답답해서 속이 터질 수도 있다.

하지만 지금 나에게는 좀 느리게 사는 연습이 필요하다.

워킹맘, 회사를 그만두고 캐나다로 미니은퇴를 떠나다

캐나다 미니은퇴는 나에게 잠시 쉼표를 주는 것이다. 기다리는 여유를 갖고 몸도 마음도 천천히 움직이려고 한다. 그 시간은 내가 걸어온 길을 되돌아보고 에너지를 재충전하는 시간이다.

회사에서 15분 만에 먹어 치웠던 점심 식사를 이제는 좀 느긋하게 맛을 음미하며 먹고, 회사와 집을 반복하며 살아온 삶을 이제는 다양한 장소에서 다이내믹한 활동을 하며 보내려고 한다.

이제 엑셀에서 발을 떼고 시속 100㎞에서 시속 20㎞로 살아보련다.


## ☆ 하루에 4시간만 일하는 디지털노마드맘

디지털노마드는 내가 꿈꾸는 인생이다. 물론 막연한 환상만 갖고 그렇게 살겠다는 것이 아니다.

무한한 자유를 누리기 위해서는 그 이상의 책임이 따른다. 우리에게 비춰지는 디지털노마드는 해외에서 한가로이 노트북을 꺼내 놓고 여유롭게 업무를 하는 모습으로만 비춰지지만, 현실은 그렇지 않을 수도 있다.

나에게 주어진 자유 속에서 만족스러운 성과를 내려면 철저한 자기 통제가 필요하고 엄청난 노력이 필요하다. 이것들이 뒷 받침되지 않으면 한량과 다를 게 무엇인가!

하루 4시간만 일을 하고도 원하는 성과를 낼 수 있는 구조를 만들어 두어야 진정한 디지털노마드의 삶을 누릴 수 있는 것이 다.

나는 왜 디지털노마드가 되려고 하는가?

내가 디지털노마드가 되려는 가장 큰 이유는 일과 가정을 둘 다 놓치고 싶지 않기 때문이다. 그동안 회사에 다니며 이 두 가지를 놓치지 않기 위해 발악하며 살아왔고, 뭐 하나라도 잘못될까 싶어 항상 숨이 막혀 왔다. 한 치의 여유도 없이 이 리 치이고, 저리 치이면서 내 체력이 바닥나고 있다는 것도 몰 랐다.

나의 인생 1막이 그러했다면, 인생 2막은 내가 하고 싶은 일 을 노후까지 지속하며 여유를 누리는 삶이다. 일도 하고, 가족 과의 시간도 충분히 갖는 삶이다.

그동안 나는 이러한 삶을 살기 위해 꾸준히 준비해 왔고, 내 가 원하는 만큼의 수입을 얻고, 내가 온종일 일하지 않더라도 업무가 돌아갈 수 있도록 준비하고 있다.

이러한 준비 없이 무작정 디지털노마드를 선언하면 돈도, 삶 도 모두 잃을 수 있다.

퇴사를 하고 나는 디지털노마드를 선언했다. 그리고 지금도 여전히 시행착오를 거치며 개선해 나가고 있다. 캐나다에 가서 디지털노마드로서의 삶을 살아 보는 것은 나에게 큰 의미가 있다.

아이들과 함께하는 시간은 모든 것을 제쳐두고 아이들에게만 집중한다. 대화를 나누고, 함께 식사한다. 아이들이 유치원이나 학교에 가면 그때부터 온전히 나와 우리 부부의 시간이 된다. 글을 쓰고, 부동산을 보거나 미래의 먹거리를 발굴하기도 한다. 내가 행하는 모든 행동 중에서 의미가 없는 것은 단 하나도 없다.

몸은 캐나다에 있지만, 한국에 있는 사람들과 업무적으로 접촉할 것이다. 그 일은 캐나다와 한국의 낮과 밤이 반대인 점을 이용해서 24시간 풀로 돌아가는 업무 형태가 될 것이다.

내가 유튜브 영상을 찍으면 한국에 있는 대행업체가 나의 영상을 제작해 준다. 내가 찍은 영상은 바로 다음 날 업로드가 된다. 이틀이 채 안 걸리고 하루 만에 모든 일을 처리할 수 있다. 영상을 직접 제작하는 시간을 절약하는 대신 나는 다양한 콘텐츠에 집중할 수 있다. 서로 도움이 되는 구조다.

나에게 디지털노마드는 나를 자유롭게 해 주는 시스템이자 나에게 주어진 시간을 온전히 내가 원하는 대로 쓸 수 있게 해 주는 삶이다. 내 시간을 남에게 빼앗기고 싶지 않다. 하루 24시간, 일 년 365일을 온전히 나만을 위한 시간으로 쓰고 싶다.

## ☆ 나에게 미니은퇴는 또 다른 시작을 의미한다

흔히 미니은퇴라 하면 하던 일을 멈추고 벌어 놓은 돈으로 즐기면서 사는 것을 생각한다. 하지만 나에게 미니은퇴는 좀 다르다. 일과 일 사이에 휴식하는 것을 의미하지만, 그 휴식은 무료하게 시간을 보내는 단순한 휴식이 아니다.

그 휴식은 다음 일과 연결되어 복잡한 머릿속을 비워내고 새로움으로 채워 넣는 시간이다. 그 새로움은 다음 일을 더 잘하기 위한 아이디어와 경험이 될 것이다. 모든 것이 내가 즐기는 일이기에 그 과정 또한 설렘과 열정으로 가득 채워진다.

이제 내 직업은 더 이상 하나가 아니다. 나는 작가이자 강연가이고, 글로벌 투자가이자 취미를 즐기는 예비 사업가이기도 하다. 그리고 무엇보다 중요한 것은 두 아이의 엄마라는 것이다.

전보다 훨씬 다양한 일을 하지만 오히려 여유 있고, 내 시간을 사용하여 더 많은 것들을 할 수 있게 되었다.

워킹맘, 회사를 그만두고 캐나다로 미니은퇴를 떠나다

내가 앞으로 살아가는 인생은 지금껏 살아온 인생과는 정반대의 삶이다. 누가 시켜서 하라는 것도 없고, 누가 빨리하라고 재촉하지도 않는다. 모든 것이 나의 통제 속에서 이루어진다. 이 일을 할지, 안 할지, 이것을 언제쯤 선보일지 등 모든 것은 내 결정하에 이루어진다. 부담은 되지만 여전히 설레고 가슴이 두근거린다.

지금까지의 내 인생에 후회는 없다. 치열했고 성취감도 있었다. 힘든 경험, 가슴 아픈 경험도 있었기에 지금 시도하는 모든 것이 설레고, 뜻깊은 것이다. 인생은 상대적이다. 처음부터 돈이 많고 원하는 대로 모든 것이 다 이루어졌다면 지금 이 순간이 행복임을 몰랐을 것이다.

어디로 어떻게 흘러갈지 모르는 인생. 이렇게 계획했다가 중간에 수정하기도 하고, 전혀 생각지도 못했던 일들이 우리 가족의 일상이 될 수도 있다. 미리 준비하지 않으면 이리저리 휘둘리지만, 우리는 준비하고 있기 때문에 휘둘리는 것이 아니라 휘두르고 다닐 수 있다. 마치 개척자처럼!

모험에는 위험도 따르지만, 기회도 많다. 과연 지금처럼 남들과 똑같이 사는 게 위험이 없는 삶일까? 나는 지금처럼 아무것도 하지 않는 것이 오히려 더 큰 위험이라고 생각한다. 그래서 나는 위험에 미리 대비하고 기회를 잡는다.

그동안 회사에서 대리, 과장으로 살아온 내가 작가, 강연가로 활동을 하게 될 것이라고는 단 한 번도 생각해본 적이 없었다. 가끔 피식 웃음이 난다. 남들 앞에서 발표라면 치를 떨었던 내가 사람들 앞에서 강연을 한다. 다이어리를 빼곡히 채워 나가는 친구들을 부러워하며 나도 한번 해 보겠다고 5페이지 정도를 끄적거리다 멈추곤 하던 내가 작가가 되었다. 인생이 참 재미있지 않은가?

누구나 불확실성 속에서 방황한다. 하지만 방황할 때 정처 없이 떠돌며 이리저리 치이는 사람이 있는가 하면 누군가는 이런저런 대안을 만들어가며 길을 선택해 나간다. 한 끗 차이지만 그 결과는 엄청나게 차이가 난다.

나는 회사에서 승진하고 가장 좋은 시기에 자발적으로 퇴사했다. 그동안 언제 잘릴지 몰라 아등바등 회사에 다녔는데 내가 회사를 자르고 나온 것이다. 캐나다 미니은퇴는 내 인생의 마침표가 아니다. 인생 2막의 새로운 시작을 위해 준비하는 과정일 뿐이다.

## ☆ 뿔뿔이 흩어졌던 가족이 캐나다에서 하나가 되다

신랑이 아기를 낳기 전부터 나에게 했던 말이 있다.

"난 기러기 아빠는 안 해!"

신랑에게는 아이의 학업을 위해 아이와 엄마가 해외로 나가고, 한국에 홀로 남은 아빠는 대충 끼니를 때우며 월급으로 받은 돈을 꼬박꼬박 부쳐 주는 기러기 아빠의 모습이 부정적으로 보였던 것이다. 나 또한 신랑의 의견에 동감했다.

"우리, 기러기 부부는 하지 말자!"

그렇게 시간이 흐르고 어느덧 아이들이 크자 그 상황이 우리 가족에게 현실이 되었다. 우리 부부의 생각은 여전히 변함없으나, 이것저것 따져보니 왜 기러기 가족이 될 수밖에 없는지 그 이유를 알 것 같았다.

누군가는 돈을 벌어야 하며, 설령 1년 동안 큰맘 먹고 가족이 다 함께 해외로 간다고 하더라도 한국에 돌아왔을 때 직장에서 받는 불이익을 감수해야 한다. 승진에서 불이익을 받을 수도 있고, 지방으로 발령이 날 수도 있다. 그래서 대한민국에서는 남자들이 육아휴직에 들어가면 조만간 그만둘 것이라고 생각하거나 직장에서 위로 올라가는 것을 포기했다고 보는 시각이 많다. 씁쓸하지만 이게 대한민국의 현실이다.

그래서 보통의 가정이라면 엄마가 아이들을 데리고 가고, 아빠는 회사에서 일한다. 아이들이 어려 아이들만 보낼 수 없으니 엄마가 따라가는 것이고, 누군가는 돈을 벌어야 하니 아빠가 남는 것이다.

지금이야 남자들도 육아휴직 제도가 있지만, 예전에는 그런 것조차도 없었으니 어찌 보면 기러기 아빠가 되는 것에 선택의 여지가 없었을 것이다. 그런데 과거의 아빠들이 자녀를 위한 희생이 당연하다 생각하고 이를 감내했다면 요즘의 아빠들은 또 다른 것 같다(물론, 내 남편만 그런 것일 수도 있다). 신랑은 여전히 기러기 아빠는 안 하겠다고 한다. 심지어 농담이지만 나보고 일을 하고 자기가 애들을 데리고 가겠다는 얘기까지 했다! 시대는 변하고 사람들의 생각도 변한다. "요즘 애들은 어쩌고저쩌고~." 사람들이 이런 이야기를 하는 이유이기도 하다.

우리 가정에 주어진 옵션은 딱 두 가지였다. 다 함께 가거나, 혹은 다 함께 가지 않거나! 내가 아이들 교육에 매달리는 사람이었다면 분명 부부간에 분쟁이 생겼을 텐데 우리 부부는 자녀교육만큼이나 우리 부부의 인생도 중요하다고 생각하는 부부다. 나 또한 신랑 없이 캐나다에 가고 싶지 않고, 그게 우리 가족의 행복을 위한 길이라고는 절대 생각하지 않는다.

캐나다 학교에는 교과서가 없다. 아이들끼리 토론을 하고 자

워킹맘, 회사를 그만두고 캐나다로 미니은퇴를 떠나다

유로운 활동을 한다. 아이가 아플 때는 학교에 보내면 안 된다. 공부는 아프지 않고 건강할 때 하는 것이라고 한다. 한국에서 맞벌이 부부는 아이가 아파도 맡길 곳이 없어 유치원에 보내야 한다. 당장 아이를 봐 줄 사람을 구하기도 힘들고, 매번 회사에 연차를 내는 것도 눈치가 보이기 때문이다.

아픈 아이를 데리고 가는 부모의 심정과 아이의 심정을 한 번이라도 헤아려 본 적이 있는가? 국가에서는 아이를 낳으라고 부모들에게 소리칠 일이 아니라 부모의 목소리에 좀 귀를 기울였으면 좋겠다. 맞벌이 부부가 진짜 힘들어하는 상황이 무엇인지부터 파악해야 한다. 주변의 선배가 아이를 낳고 회사 다니며 소리 없이 힘들어하는 모습을 보는 후배들은 과연 무슨 생각을 할까? 결혼한 뒤 그들의 장래가 밝아 보일까?

우리 첫째 아이는 7세가 되도록 온전히 엄마와 함께한 시간이 2년이 채 안 된다. 일하며 아이와의 시간을 확보하겠다고 처절하게 몸부림치던 시간들, 없는 시간을 짜내어 엄마 노릇하겠다고 그렇게도 애절하게 살아왔다. 지난날을 생각하니 눈물이 주르륵 흘러내린다.

한국에서 뿔뿔이 흩어졌던 우리 가족은 캐나다에서 온전히 하나가 된다. 이렇게라도 시간을 만들지 않으면 우리 아이들이 어릴 때 소중한 추억을 남길 수 있는 시간을 놓칠 것 같아 모든 것을 내려 두고 캐나다로 떠나기로 했다.

물론 그곳에서도 힘든 추억도 있고, 행복한 추억도 있을 것이다. 캐나다에서 일어날 모든 일은 우리 가족의 가슴 속에 튼튼한 양분이 되어 우리 가족의 미래에 더 큰 힘이 되어 줄 것이라 믿는다.

## ☆ 맞벌이 부부 가족의 1년간의 미니은퇴

### # 얻는 것과 잃는 것

나는 12년이 넘는 시간 동안 쉬지 않고 일했다. 둘째 아이를 출산하고 휴직하긴 했지만, 그 시간 또한 육아하느라 오히려 육체적으로 더 힘들었던 시간이다. 그런데 이제 모든 것을 잊고 대자연의 캐나다로 떠난다니 얼마나 설레겠는가!

지금 이 시간도 지나면 다시 오지 않을 것을 알기에, 다소 무모하지만 다 함께 가기로 했다! 많은 것을 내려 두고 가는 만큼 더 많은 것을 얻고 돌아오려고 한다. 걱정도 되지만, 새로움에 대한 기대와 설렘이 더 크다.

하지만 붕 떠 있던 설렘을 잠재운 것은 예산을 짜고 재무 상황을 점검할 때였다. 신랑과 함께 마주 보고 앉아 재무 상황을 따져보고 나면 다시 침울해지곤 했다. 내가 너무 현실을 모르고 환상에 젖어 있었구나! 나는 퇴사했고, 신랑이 육아휴직에 들어가면 매달 꼬박꼬박 받던 월급이 끊기고 국가에서 지원받는 돈으로 살아야 했다.

그런데 캐나다까지 가게 되면 월세, 생활비, 학비가 추가로 들기 때문에 우리가 아무리 평소에 사교육을 안 시키고 돈을 모았다 하더라도 그 돈을 한꺼번에 쓰기에는 상당한 무리가 있었다.

신랑은 내년에 승진 평가가 있어서 내년이 그에게 중요한 해임은 말할 필요도 없고, 조직에서도 좋은 평가를 받으며 근무하고 있었다. 휴직에 들어가면 앞으로 조직에서 좋은 평가는 기대할 수 없다. 육아휴직을 했다는 꼬리표가 졸졸 따라다니면서 다른 사람과의 경쟁에서 마이너스 요소가 될 것은 분명하기 때문이다.

모든 것을 내려놓기가 쉽지는 않았다. 아내와 남편이 퇴사와 육아휴직을 하고 해외로 떠난다니, 막연한 로망만 가지고 떠나기엔 우리 부부에게 위험 요소가 너무나 컸다.

무작정 대책 없이 떠날 수는 없었다. 4인 가족 기준으로 1년을 살다 오려면 아이들 학비에 거주비, 생활비 등 상당한 돈이 들어갔다. 큰돈이 들어가고 우리 부부 둘의 수입은 반의 반 토막이 나는 상황이었다. 가계 재무 상황에 악영향을 미칠 것은 분명했다.

우리가 돈에 여유가 있어서 떠나는 상황도 아니었기에 자꾸만 결정을 머뭇거리게 되었다. 하지만 아이들이 크고 우리도 나이가 들면 이런 기회는 더 이상 없을 것 같다고 생각했고 이번 기회를 놓치고 싶지 않았다. 지금이 아니면 언제 해 보겠는가!

큰 비용을 들여서 가는 대신 더 많은 것을 얻어서 돌아와야겠다고 생각했다. 1년 동안 캐나다에서의 삶을 알차게 계획하고 그것을 정리해서 한 권의 책으로 출판하기로 결심했다. 책을 출간하는데 대충 때우다가 올 수 없지는 않은가? 소중한 추억으로 남길 수 있는 것들을 찾게 되었다.

캐나다에서의 시간을 어떻게 보낼지 미리 계획하고 떠나기로 했다. 단지 아이들 교육만을 위해서였다면 우리 부부는 별다른 계획 없이 떠났을 것이다. 그런데 우리 부부의 경우 아이들 교육도 중요하지만, 우리 부부의 인생도 중요하게 생각한다. 그래서 모두가 만족할 수 있는 시간을 보내기 위해서 철저한 계획하에 준비하고 떠나기로 했다.

워킹맘, 회사를 그만두고 캐나다로 미니은퇴를 떠나다

# ☆ 영어 배우러 캐나다에 간다? 그렇다면 캐나다에 가지 않았을 것이다

### # 아이들의 시간

캐나다에 가면 아이들은 현지 공립학교에 들어가게 된다. 아이들에게는 한동안 쉽지 않은 시간이 될 것이다. 새로운 문화에 적응해야 하기 때문이다. 그러나 어디에 가든 적응은 해야 하므로 아이들이 힘들 것을 미리 걱정해서 기회를 차단해 버리는 우를 범하고 싶지는 않다. 교육적인 측면으로는 캐나다가 자유롭게 뛰어놀고 체험 중심의 교육이기에 우리 아이들에게는 오히려 잘 맞는다. 다만 우리 부부가 아이들이 새로운 환경에 잘 적응할 수 있도록 최선을 다해 도와야 할 것이다. 일단 기회를 주고, 그 이후의 선택은 아이들에게 달려있다.

### # 영어책과 영어 DVD

나는 이 두 가지로 아이들의 영어 교육을 대신하고 있다. 우리 아이들은 사교육을 한 번도 받지 않은 순수 토종(?) 아이들이다. 그래도 영어는 국제 공용어이니 잘했으면 좋겠는데, 내가 어릴 때부터 받았던 영어 교육을 우리 아이들에게까지 답습시키고 싶지는 않다. 결과를 너무 잘 알기 때문이다. 영어 시험에서 100점을 받지 않아도 좋으니, 아이가 커서 스스로 해외 여행하고, 좋아하는 영화를 자막 없이 즐길 정도면 된다.

영어를 배우기 위해 캐나다에 가는 것이 아니라, 그동안 책과 DVD만으로 배운 영어를 사용하러 간다. 말도 안 통하는 아이를 갑자기 캐나다의 학교에 데려다 놓으면 아이가 받는 스트레스는 어마어마할 것이다. 영어 교육만을 위해 아이를 캐나다 학교에 보내는 것이라면 우리나라의 영어 유치원이나 학원을 보내는 것이 더 효율적이라고 본다.

그보다는 그동안 배운 것을 일상생활에서 활용하는 데 초점을 두며, 더 넓은 세계를 보여주러 가는 것이다.

이 나라는 집이 이렇게 생겼네? 마트에 못 보던 음식들이 많은데? 여기는 아이들이 이렇게 노네?

슈퍼에 가서 물건도 직접 사보고, 놀이터에서 아이들과 놀고, 도서관에 가서 책도 본다. 경험은 눈에 보이지 않는다. 단, 살아가면서 언제든 꺼내어 쓸 수 있는 숨겨진 카드와 같다. 새로운 아이디어를 주기도 하고, 전혀 뜬금없는 분야에서 불쑥 영감을 주기도 한다. 내가 사교육보다 다양한 경험에 중점을 두는 이유가 바로 이것이다.

선진 교육을 위해 떠나려는 것이 아니다. 아이가 다양한 것을 경험하고 유연한 사고를 할 수 있도록 하고 싶다. 우리 아이들을 위해서이기도 하고, 우리 부부를 위해서이기도 하다. 그 래서 우리 가족이 떠나면 시골에 가서 살 수도 있고, 도시에 가서 살 수도 있다. 여러 다양한 가능성을 열어 두고 있다.

## # 부부의 시간

아이들이 학교에 가면 우리 부부에게 자유시간이 주어진다. 일단 우리 부부가 한국에서부터 해 오던 취미 활동은 캐나다 에서도 이어질 것이다. 오히려 한국에서보다 더 적극적으로 진 행될 예정이다. 캐나다에서는 플리마켓(벼룩시장), 친구 만들기 등 다양한 목적으로 우리의 취미 활동이 활용될 예정이기 때 문이다. 좋아하는 일이기 때문에 이와 연관된 모든 것을 신나 고 열정적으로 할 수 있다.

두 번째는 현지 투자다. 우리 부부는 어디를 가든 그 지역의 부동산을 꼭 방문한다. 이번에는 캐나다로 미니은퇴를 떠나는 것이지만 단순히 여행과 휴식만 하는 것이 아니라 현지 부동 산 투어도 함께 할 예정이다. 일거양득이다. 캐나다에 가니 캐 나다의 부동산을 보는 것은 당연하다. 오히려 더 큰 시장이 기 다리고 있기에 기대된다. 꼭 매매하지 않더라도 캐나다의 거주 형태는 어떤 것들이 있는지, 내부는 어떤 구조인지, 어떻게 생 겼는지 등 둘러보는 것만으로도 충분한 의미가 있으며 진짜 뜻이 있다면 더 심도 있게 신랑과 논의해 볼 생각이다.

돈을 쓰러 가는 것이 아니라 돈 벌 궁리를 하러 가는 것이다. 우리 부부의 경험이 또 나중에 어떤 형태로 캐나다와 엮이게 될지는 모른다. 아는 만큼 보인다고 했다. 많이 알고 많이 경험해야 그만큼 많이 얻을 수 있다.

## # 가족의 시간

그동안 우리 가족은 아침 7시, 아빠와 엄마는 회사에 출근하고, 아이들은 유치원으로 간다. 이른 아침부터 헤어진 우리 가족은 뿔뿔이 흩어져 각자의 시간을 보내다 오후 7시, 8시가 되어서야 드디어 하나가 된다.

하루 24시간 중 12시간을 떨어져 보내고, 그마저도 밤 10시가 되면 잠을 자야 하니 우리 가족이 온전히 함께 있는 시간은 하루에 3시간도 채 되지 않는다.

하루 24시간 중에서 고작 3시간이라니!

우리는 가족이지만 남들과 보내는 시간이 더 길다. 갓 태어난 첫째 아이를 3개월 만에 떼 놓고 회사에 복직해야 했고, 둘째 아이는 1년 3개월 동안의 육아휴직 기간이 있었지만, 핏덩이 같은 아이들에게는 부모와의 시간은 턱없이 부족했다. 그동안 맞벌이 부부였던 우리 가족은 출근 전, 퇴근 후에 잠깐씩

서로의 얼굴을 보는 것이 다였다. 그런데 캐나다에 가게 되면 우리 가족은 온전히 하나가 된다. 그동안 함께하지 못해 아쉬웠던 시간들을 마음껏 누리려고 한다.

우리 가족만의 다양한 이벤트를 준비하고 있다. 일상의 식사와 같은 소소한 것들부터 시작해서 한국 음식 파티, 여행, 원데이 클래스 등 다양한 이벤트를 해 보려고 한다.

우리가 처음부터 캐나다 미니은퇴를 꿈꾼 것은 아니다. 우리는 지극히 평범한 대한민국의 맞벌이 부부였다. 나는 내가 이제껏 상당히 보수적인 사람인 줄로만 알고 살았다. 변화를 싫어하고 하던 대로 해야 편했다. 튀는 것보다 제자리에서 묵묵하게 있는 것이 나에게 어울렸다. 핑계를 대자면 이런 성격 때문인지 나는 그다지 호기심이 없고 새로운 것에도 관심이 없었다.

예전 같으면 제4차 산업 혁명이라 해도 막상 그 시기가 도래해야 뒤늦게 이런저런 준비를 하려고 했을 텐데, 이제는 더는 그렇게 행동하지 않는다. 일단 우리 세대도 그렇지만 우리 두 아이의 세대에는 진짜 현실이 될 일들이므로 나는 더 민감하게 받아들일 수밖에 없다.

변화의 속도는 빠르다. 그리고 갈수록 더 빨라진다. 예전에는 조금만 노력하면 어느 정도 따라잡을 수 있었지만, 요즘은 그렇지 않다. 한 번 뒤처지면 그 격차는 더욱 벌어져 걷잡을 수 없게 되었다.

어떻게 변할지 나도 정확하게 예측할 수는 없지만, 미래 사회에는 어느 것이 중요하고, 어떤 사람으로 아이를 키워야 할지에 대해 예측 가능한 것들을 충분히 활용하여 방향을 잡아간다. 인터넷의 발달로 우리는 방대한 자료를 클릭 하나로 쉽게 접할 수 있게 되었다. 더이상 주입식, 암기식 교육이 미래에 중요한 것이 아님은 분명하다. 이것이 우리 부부가 사교육 한 번 없이 우리 아이들을 키우고 있는 이유이고, 다양한 해외 경험을 준비하고 있는 이유이기도 하다.

당장 현실을 살기에도 너무 벅차지만, 그럴수록 더욱 넓게 미래를 내다보고 행동하는 것이 필요하다.

워킹맘, 회사를 그만두고 캐나다로 미니은퇴를 떠나다

# 8

## '엄마의' 시리즈

## ☆ 엄마의 뒤늦은 취미 생활

엄마의 뒤늦은 취미 생활은 나의 내면으로 깊숙이 들어가는 과정이다.

나의 정체성을 찾고, 나를 사랑하고, 나만의 것을 남기고 싶은 욕구다. 아마도 지금까지 남의 인생을 살아왔기 때문에 그것에 대한 욕구가 더 강한 것일지도 모르겠다. 10년이 넘도록 조직 생활을 하면서 과연 그게 진정으로 내 인생을 산 것이었을까? 내 인생을 살고 싶다는 욕구에서 시작된 취미 생활, 이제 제대로 한번 즐겨 보자. 못해도 괜찮다. 내가 행복하면 되니까.

사실 나는 그동안 딱히 하고 싶은 취미라는 게 없었다. 아이 키우느라, 일하느라 마음의 여유가 없었던 것이 사실이다. 그런데 인생 2막을 준비하면서 나 스스로 큰 변화가 있었다. 그 중 하나가 내 작품을 만들어 보고 싶다는 것이었다.

나는 한쪽에만 치우치지 않도록 노력한다. 아이들만 바라보고 살지는 않을 것이고, 그렇다고 내가 우선이 되는 이기적인 엄마도 되지 않을 것이다. 둘의 균형을 잡아가려고 한다. 내 삶의 만족도가 높아져야 나도 행복하고, 내가 행복해야 우리 아이들도 행복하게 키울 수 있기 때문이다.

캘리그래피, 나도 할 수 있지 않을까? 그래, 캘리그래피로 나의 감정을 표현해 보자!

갑자기 내 마음속에 빨리 배우고 싶다는 욕구가 솟구쳤고, 나는 집 근처에서 캘리크래피를 배울 수 있는 곳을 알아보았다. 일단 가장 중요한 것이 집에서 가까워야 한다는 것이었다. 가까운 두 곳을 다 방문하여 상담을 받아보았고, 상담을 받은 즉시 그 자리에서 결정하고 돌아왔다.

나는 끈기는 부족한 편이지만 실행과 결단력 하나는 진짜 빠르다. 그런데 옆에서 나를 지켜보던 신랑이 조심스레 말을 꺼냈다. "자기. 나도 예전부터 배우고 싶었던 게 있는데, 나도 가죽 공예 한번 배워 볼까?" 이렇게 우리 부부의 취미 생활이 시작되었다.

요즘 우리 부부는 이렇게 시간을 보내고 있다. 나는 수채화 캘리그래피, 신랑은 가죽 공예. 나는 일주일에 두 번 센터에 가서 수업을 받고, 회사에 다니는 신랑은 주말에 하루 4시간씩 공방에 가서 가죽 공예를 하고 온다.

이런 것들은 아이들이 어릴 때는 꿈도 꾸지 못했다. 다른 때 같으면 신랑이 나에게 두 아이를 맡기고 혼자 나가는 것은 상상도 못 할 일이었다. 나 혼자 애를 돌보지 못해서가 아니라 우리는 맞벌이 부부이기 때문에 고생도, 기쁨도, 행복도 뭐든 함께한다는 그런 철칙 같은 게 있다.

하지만 나는 신랑의 취미 생활을 적극적, 전폭적으로 지원해 주기로 했다. 물론 신랑도 그렇다. 책이나 취미 생활에 쓰는 돈은 아깝다기보다는 미래를 위한 투자라고 생각하기에 과감히 쓰고 있고, 우리 부부에게 그 이상의 효용을 준다.

지금 우리 부부가 즐기면서 배우는 모든 활동은 영원한 취미 생활이 될 수도 있고, 노후에 직업으로 연결될 수도 있다. 좋아하는 일을 직업으로 삼는다는 것은 참 멋진 일이다. 나의 인생 2막은 그렇게 살고 싶다. 이제껏 회사라는 한 길만 달려온 내 인생의 길을 가슴 설레는 일, 하고 싶은 일들로 채워 나가려고 한다.

신랑은 매주 하나씩 작품을 만드는데 생각보다 너무 잘해서 깜짝깜짝 놀란다.

"진작에 배우게 할 걸…"

글을 쓰는 아내와 바느질하는 남편. 뭔가 좀 부자연스러워 보이지만 정작 당사자인 우리는 이렇게 사는 인생이 참 재미있다. 둘만의 시간에 대한 서로의 의사를 존중하고, 기분 좋고 설레는 일을 하는 게 행복한 인생의 첫걸음이다. 이런 시간이 주가되어야 힘든 시기도 극복할 수 있는 것이다. 나중에 집 어딘가에 우리 부부의 공방 같은 취미실을 하나 만들고 싶다는 생각

워킹맘, 회사를 그만두고 캐나다로 미니은퇴를 떠나다

도 해 봤다.

흔히 아이들은 부모의 모습을 보고 자란다고 한다. 신기하게도 우리 부부가 거실 책상에 앉아 취미 활동을 하면 아이들은 자기도 하겠다고 옆에 앉아 뭔가를 열심히 끄적거린다.

아이들에게 자연스러운 책 읽기를 유도하고자 거실에서 책 읽는 모습을 자주 보여 주었는데, 캘리그래피 또한 이런 효과가 있을 줄은 몰랐다. 조만간 우리 아이들이 가죽 공예도 입문하지 않을까 싶다.

취미 생활이 우리 아이들에게도 '진짜 즐기는' 취미 생활이 되기를 바라는 마음이다. 굳이 하라고 시키지 않고, 하겠다는 것을 막지도 않는다. 단순히 다양한 경험을 보여줄 뿐이다. 취미 활동을 즐기는 것이 우리 가족의 한 문화로 자리 잡기를 바란다. 그리고 최종 목표는 가족 전시회를 여는 것이다.

## ☆ 엄마의 자연주의 교육

우리 아이들은 태어나서부터 지금까지 책을 놓은 적이 한 번도 없다. 나는 아이들에게 사교육을 시키지 않고, 해 주는 것이라고는 오로지 책을 읽어 주는 것뿐이니 이거라도 제대로 해야 한다는 책임감이 있다. 여행 갈 때도 캐리어에 책을 싸 가고, 맞벌이 부부다 보니 내가 늦을 때는 신랑이, 신랑이 늦을 때는 내가 아이들에게 책 읽어 주는 것을 교대로 해 왔다. 신랑이 협조를 잘해 주었던 것은 그렇게 하지 않으면 내가 회사를 그만둘까 봐 그런 것일 수도 있다.

아침, 저녁으로 식사할 때는 아이들이 골라온 책을 읽어 주고, 유치원 하원 후에는 아이들이 좋아할 만한 책을 골라서 내가 먼저 읽는다. 그러면 아이들은 귀신같이 알고 내 어깨 양옆에 한 명씩 달라붙는다. 아직은 엄마를 너무너무 좋아하는 아이들이기에 항상 나의 거취를 확인하기 때문이다. 읽다 보면 나에게는 너무 유치한 이야기지만, 아이들은 재미있다고 "또, 또, 또!"를 외친다. 힘들지만, 이렇게 해 줄 수 있는 시간도 얼마 남지 않았다고 본다.


# # 사교육으로 자란 엄마가 사교육 제로로 아이 키우기

우리 부모님은 굉장히 검소하고 절약하시는 분이다. 그런데도 우리 엄마는 교육비로 쓰는 돈은 절대 아끼지 않으셨다. 그래서 나는 온갖 사교육을 다 받고 자랐다. 미술, 피아노, 수영, 스키, 서예, 컴퓨터, 국·영·수는 말할 것도 없고! 사실 나는 어릴 때 예술 쪽에 흥미가 있었다. 그래서 피아노도 곧잘 쳤고, 중학교 때는 그림으로 상도 많이 받았다.

그런데 사교육이 나에게 들어오면서 나는 미술과 피아노를 들여다보기도 싫을 정도로 질려 버렸다. 우리 엄마는 딸이 잘하니 그 분야로 개인지도 선생님을 붙여 주실 정도로 열성적인 엄마였다. 그러나 비싼 수업료에도 불구하고 나는 배울수록 흥미를 잃었고, 결국 나는 그 분야와 맞지 않는다고 결론을 내렸다.

어릴 때부터 '하고 싶어서'보다는 '하라고 해서' 한 것들이 더 많았다. 수영할 때는 물과 하나되는 느낌을 즐기고, 피아노를 칠 때는 연주하는 곡에 빠져들어야 하는데 무작정 앞으로 나가고, 틀리지 않게 연주하는 데만 급급했다. 분명 배움의 효과는 있었지만, 제대로 즐기는 법을 배우지는 못한 것이다.

그런데 얼마 전 취미로 시작한 수채화 캘리그래피를 하면서 나는 조금씩 '즐기는 법'을 알게 되었다. 굳이 잘하지 않아도 되고, 내가 이것을 직업으로 삼을 것도 아닌데 억지로 할 필요도 없기 때문이다.

진짜 즐기는 법을 30대 후반에 깨달은 것이다. 진작 알았으면 더 좋았을 텐데 아쉽고, 우리 아이들은 무언가를 억지로 가르쳐서 질리도록 만들고 싶지 않다는 생각이 들었다. 이것이 바로 아이들의 관심사를 파악하고 그것에 맞춰 책과 영어 DVD를 들려주는 이유이기도 하다. 관심사에 맞추면 무엇을 해도 재미있게 보고 집중한다.

## # 나와 정반대로 성장한 신랑

우리 신랑은 호기심이 많고, 뭐 하나에 집중하면 다른 것은 보이거나 들리지도 않는 사람이다. 나에게는 연구 대상이다. 형들에게 치여 보내 달라고 한 학원도 못 다녔지만, 배움에 대한 간절함 때문인지 시켜서 하기보다는 주도적으로 공부를 해 온 사람이다.

퇴근하고 집에 오면 가죽 공예에 얼마나 집중을 하는지, 그 모습을 보면 웃음도 나고, 또 한편으로는 '얼마나 하고 싶었으면'이라는 생각도 든다. 요즘은 내가 집을 깨끗하게 치워 놓으면 온갖 자투리 가죽과 도구들로 집을 난장판으로 만들어 놓는다. 그런데도 내가 뭐라고 할 수 없는 이유는 자꾸 뭔가를 만들어서 나에게 주기 때문이다. 예전에 지나가는 말로 "이런 게 있으면 좋을 텐데…"라고 말한 적이 있었는데 그게 생각이 났는지 비밀로 몰래 만들어 나를 놀라게 하기도 한다.

우리 아이들도 본인이 하고 싶은 것이 생기면 그때는 전폭적으로 지원해 주려고 한다. 주도적으로 하는 것의 힘을 믿기 때문이다.

워킹맘, 회사를 그만두고 캐나다로 미니은퇴를 떠나다

## ☆ 엄마의 즐기는 재테크

우리 세대에게 재테크는 선택이 아닌 필수다. 월급만 갖고 살 수 없다는 것은 이제 하도 들어서 누구나 다 아는 사실이지만, 그 말처럼 상황이라는 게 쉽지가 않다. 경기는 계속 변하고 투자하려고 해도 지금 당장 들어갈 돈이 많다. 하지만 상황이 그렇다 한들 우리는 지속해서 재테크를 해야 한다. 우리의 노후는 길고, 자식에게 짐이 되지 않고 당당한 인생을 살기 위해서다. 당장 투자하지 않더라도 항상 준비된 자세로 경기에 민감해져야 한다.

우리 부부는 지금 맞벌이에서 한 명의 소득이 없어진 외벌이다. 우리 부부가 돈이 많아서 여유 있게 해외에 나가는 것이 아니다. 한창 투자를 해서 가진 돈을 불려도 모자랄 판에, 지금 우리 부부는 돈을 버는 것 없이 쓰러 나간다. 우리 가정의 재무 상태에 악영향을 끼치는 것은 물론이다. 당연히 이 상태로 나가서는 안 된다.

우리 부부는 늘 새로운 것을 꿈꾸지만, 무작정 대책 없이 떠나는 성격은 또 아니다. 새로운 것을 추구해도 위험을 최대한 대비하고 예상되는 결과를 미리 준비한다. 30~40대는 젊고 적극적으로 투자할 수 있는 마지막 나이다. 여기서 나이가 더 들게 되면 그때는 안정적인 재무 구조로 방향을 바꿔야 하는 시기다. 그런데 지금 이 시기에 미래를 보지 않고 대책 없이 무작정 떠날 수는 없다.

## # 맞벌이 부부에게 제격인 투자 여행

① 베트남, 너 자꾸만 끌린다

우리 부부는 신혼 때부터 재테크에 관심이 많았다. 그중에서도 특히 부동산에 관심이 많아 집도 많이 보러 다녔고, 지금도 투자를 꾸준히 하고 있다. 그러다 보니 부동산 관련 이슈에는 항상 귀를 쫑긋 세우게 된다. 베트남은 포스트 차이나로 계속 이슈가 되고 있고, 나 또한 굉장히 관심을 두고 있다.

베트남어를 배워 보려고 책도 샀고, 주식과 계좌 개설을 할 수 있는지 알아보기도 했다.

우리 부부는 생각만 할 일이 아니라 직접 현장을 다녀오기로 결심했다. 인터넷에 떠도는 정보로는 우리가 명확한 결정을 내릴 수 없었기 때문이다.

사실 우리 부부는 휴양지에는 별 관심이 없다. 남들이 좋다는 다낭도 그다지 끌리지 않는다. 그런데 호찌민으로 부동산 답사를 다녀올 생각을 하니 너무나 설레었다. 맞벌이 부부이다

워킹맘, 회사를 그만두고 캐나다로 미니은퇴를 떠나다

보니 처음에는 둘이 고작 3박 4일 동안의 휴가 날짜를 맞추기 조차 쉽지가 않았다. 이 기간에 나는 되는데 신랑은 안 되고, 신랑이 되면 내가 안 되고, 날짜 하나 맞추면서도 나는 이런 생각이 들었다.

'회사만 아니었다면…'

우리가 좀 더 빠른 실행을 하고, 빠른 결정을 내리고, 지금 과는 다른 삶을 살고 있지는 않을까? 왜 이렇게 뭐 하나를 하 는 데도 오래 걸리고, 결국은 하지 못하게 되고, 쳇바퀴 돌 듯 이렇게 살아야 하는 걸까? 그래서 이번만은 결정을 미루지 말 자고 다짐했다.

그 당시 나는 5월 말 출장, 신랑은 7월에 감사를 앞두고 있어 서 둘이 시간을 맞추기가 쉽지 않았다. 그래서 가더라도 8월 정도에 가게 되지 않을까 생각을 하고 그때까지 사전 준비를 하기로 했다. 하지만 흘러가는 시간이 아까웠다. 현장에 가서 보고 오면 우리의 판단과 준비가 더 앞당겨질 텐데 말이다.

현재 상황에서 도저히 갈 수 없다는 것을 알면서도 나는 계 속 항공권을 뒤적이고 있었다. 그런데, 뜻이 있는 곳에 길이 있 다고 했던가! 5월 말의 출장 계획 때문에 아예 5월을 제쳐 두 고 있었는데, 생각해 보니 5월 초에는 빨간 날이 곳곳에 있어 서 잘 활용하면 연차를 쓰지 않고도 베트남에 다녀올 수 있을 것 같았다.

우리 부부를 한 단어로 표현하면 '속전속결'이다. 우리 부부는 신혼 때부터 그랬다. 외모는 그렇게 안 보이는데 성격이 굉장히 급하다. 일단 마음에 들면 지르고 본다. 시행착오도 많이 겪었지만, 해 보지 않는 것보다 해 보고 얻은 것이 훨씬 더 많았다. 그래서 우리 부부는 적시에 온 기회를 놓치지 않고 판단을 내리는 것이 얼마나 중요한지 너무나도 잘 안다.

이번 베트남 답사도 마찬가지였다. 분명 시간을 끌면 8, 9월 정도에 떠나게 되었을 것이고 그때쯤이면 베트남 투자에 대한 관심도 좀 사그라들 것이다. 그러다 보면 일정을 미루다가 결국 가지 않게 될 수도 있다. 그리고 나중에 베트남 투자가 다시 떠올랐을 때 예전에 떠나지 않은 것을 후회할 것이다.

투자하건, 하지 않건 일단 떠나서 현장을 직접 확인하고 오면 나중에 최소한 후회는 하지 않을 것이고, 우리는 지금 상황에서 최선의 결정을 하고 미래를 준비할 수 있다. 이게 우리 부부가 사는 방식이다.

그렇게 우리 부부는 4개월 뒤에 베트남에 갈 예정이었으나 당장 다음 주에 떠나게 되었다. 시간이 별로 없는데도(마감 시한이 빠듯한데) 스트레스를 받는 게 아니라 너무너무 흥분되었다. 이래서 사람은 좋아하는 일을 하고 살아야 한다. 이게 업

워킹맘, 회사를 그만두고 캐나다로 미니은퇴를 떠나다

무었다면 머리를 쥐어뜯고 있었겠지만, 모든 것이 내가 관심 있고 하고 싶은 일이다 보니 정보를 확인하고 일정을 짜는 것 조차 너무 설레는 일이었다.

막무가내 부부, 일단 떠나고 본다. 모든 것을 우리 부부가 다 해야 한다. 부동산을 알아보고, 답사하고, 여행 일정을 짜고…. 하나하나가 중요한 것이지만 그 과정은 즐거움이어야 한다. 힘들거나 스트레스를 받는다면 그 일정은 제외했다. 우리 부부의 모든 결정은 우리가 과연 행복한가에 초점이 맞춰져 있었기 때문이다. 빡빡한 스케줄이 아니라 핵심만 둘러보고, 쉴 때는 쉬고 맛있는 음식도 먹고 돌아오기로 했다.

시간이 소중한 우리 부부는 짠내투어보다는 가심비(價心比)[4]가 높은 여행을 선호한다. 그래서 비행 일정도 우리 부부의 스케줄에 맞추다 보니 비행기 삯도 보통 때보다 훨씬 비쌌고, 숙소 또한 이곳저곳 여러 군데 알아보기보다는 가격이 비싸더라도 위치가 좋고 주변 시설, 후기가 검증된 확실한 곳으로 예약했다.

그래도 물가가 낮은 베트남은 우리 부부가 현지에서 이동할 때 부담 없이 택시를 타고, 맛집 또는 힐링 등 비용에 대한 부

---

4)  가격 대비 마음의 만족을 추구하는 소비 형태.

담을 낮춰 주었다. 그래서 어찌 보면 물가가 높은 국가들보다 더 높은 가심비로 여행할 수 있었다.

## # 떠나기 전 우리 부부는 무엇을 준비했을까?

☝ 현지 부동산과 연락

우리의 관심 지역이 어디이고, 고려 중인 부동산을 알려 주고, 현지에 도착했을 때 그것을 직접 볼 수 있는지 현지 부동산에 요청해 두었다. 우리 부부는 굳이 관심도 없는 지역의 부동산을 볼 시간도 없거니와, 불필요하게 시간을 낭비하고 싶지 않았기 때문이다.

✌ 베트남 부동산과 관련된 정보 수집

아는 것이 힘이다. 아는 만큼 보인다. 배우러 가는 것이지만 사전에 많이 알고 가면 얻을 수 있는 것이 훨씬 많다. 문제는 인터넷에 떠도는 정보를 선별할 수 있는 능력이다. 오래된 정보도 많고, 사실이 아닌 정보도 많다. 그래서 정보를 무작정 수용하기보다는 비판적 시각을 갖고 받아들이는 자세가 필요하다.

워킹맘, 회사를 그만두고 캐나다로 미니은퇴를 떠나다

## ✋ 베트남 여행 서적

이번 여행에 많이 필요할 것 같지는 않았지만, 그래도 여행 서적 한 권 없이 떠나기엔 뭔가 허전해 서점에 직접 가서 우리 부부에게 가장 맞는 여행 서적으로 한 권을 골랐다. 아쉬웠던 점은 베트남 전체를 다루는 책이라 우리 부부가 가는 호찌민의 상세한 정보가 좀 부족했다는 점이다. 또한 책에서 이미지가 실린 페이지를 빼면 실제로 정보를 다루는 페이지는 몇 페이지 되지 않았다. 그래도 어쨌건 여행 서적을 구매한 이유는 관광지보다도 맛집, 명소 그리고 베트남과 관련된 전반적 정보를 얻고자 함이니 잘 활용해 봐야겠다. 물론, 나중에 베트남을 더 자주 가게 될 수도 있으니 그때는 이 책의 활용도 더 높아질 것이다.

우리 부부는 부동산 투자를 다양하게 하고 있다. 아파트, 오피스텔, 다가구, 빌라, 토지 등. 그동안 해외 부동산에 대한 막연한 욕구는 있었지만, 항상 꿈에 그쳤다. 자금적인 부분이 가장 컸고 관리상의 문제 그리고 계약 시 사기 위험 같은 우려들 때문이었다. 하지만 불확실성 때문에 기회를 놓칠 수는 없었다.

베트남, 많이 이슈가 되지만 생각보다 정보가 별로 없는 게 아쉬웠다. 우리 부부 같은 경우, 여행 및 관광과 관련된 정보보다는 투자와 관련된 정보가 필요했는데 믿을 만한 정보가 별로 없었다. 이번 답사를 다녀와서, 짧은 기간이지만 3박 4일 간의 일정을 처음부터 끝까지 유튜브 동영상으로 제작해 보기로 했다.

떠나기 전 우리 부부는 둘러보기로 한 아파트 및 지역에 관한 정보를 미리 분석했기에 현장에 가서는 좀 더 심도 있는 대화를 나눌 수 있었다. 우리가 더 관심 있게 보았던 아파트는 현장에서 꼼꼼하게 살펴보면서 우리가 분석한 입지와 주변 환경이 맞는지 하나하나 살펴보고 돌아왔다. 준비부터 이렇게 해 갔으니 남들과 차이가 나는 것은 당연하다. 누구나 똑같이 항공권을 구매하고, 숙소를 예약하고 비용을 들여서 해외여행을 떠나지만 얻어 오는 것은 천차만별이다.

우리는 베트남을 단순히 여행한 것으로 그치지 않고, 집에 돌아와서는 또다시 베트남 시장을 분석하기 시작했다. 해외 시장이라 하더라도 크게 다르지 않았다. 학군과 상권, 편의시설 등 우리는 국내에서 해 왔던 방식을 해외시장에도 적용해 보며 나름의 분석을 시작했다.

우리 부부는 투자 여행을 통해 베트남 시장에 큰 매력을 느꼈다. 한국에서 '강남에 집 한 채 있으면 좋겠다'라고 생각했는데 베트남의 강남이라면 우리 부부에게도 투자해 볼 기회가 있었다. '그래, 한국에서는 못했지만, 베트남에서는 한번 해 보자!' 라는 생각으로 부동산을 열심히 탐색했다. 그쪽에서 준 정보만 무조건 신뢰하지도 않았고 우리 부부가 나름대로 분석하면서 의미 있는 정보를 만들어나갔다.

투자 여행이 여행으로 그친 것이 아니라 실행력이 뛰어난 우리 부부는 돌아와서 신중한 검토를 거친 끝에 베트남 부동산 분양권 투자를 시도했다. 외국인에게는 분양 물량의 30% 쿼터만 허용되기 때문에 된다는 보장은 없지만 일단 신청했고, 그 과정을 통해 배울 수 있는 것도 많으리라 생각했다. 지금까지 투자해 온 경험을 통해 베트남에서 어디에 투자할지 부부가 서로 대화를 통해 의견을 조율하고 결정할 수 있었다.

베트남은 우리 부부의 재테크에 있어서 한 번 더 시각을 넓혀준 계기가 되었고, 이를 통해 한국을 벗어나 세계로 뻗어 나갈 기회가 되었다.


## ☆ 우리 부부가 가는 모든 곳은 우리 가족의 미래와 연결된다


우리 부부는 어디에 가든 우리가 생각했던 목적과 이유에 충실하게 움직인다. 쉬러 갔으면 아무 생각 안 하고 쉬고, 먹방 투어라면 음식을 음미하는 데 집중한다. 우리 부부는 힐링과 먹방 투어를 정말 좋아하지만, 여행에 가족의 미래가 더해지면 여행의 가치는 배가 된다. 부동산을 꼭 구매하는 것이 아니라도 현지 전문가와 함께 보고 듣다 보면 공부가 되고 그 지식은 언젠가는 유용하게 쓰게 된다.

미리 준비하는 자의 여유를 누린다. 투자하려고 하는데 준비가 되어있지 않으면 기회를 놓친다.

'아, 그때 투자할걸. 그때 베트남에 다녀와야 했는데…'

대부분의 사람이 이렇게 생각하고 후회하지만, 남들이 머뭇거릴 때 실행에 옮기는 사람은 후회할 일을 만들지 않는다. 투자 및 힐링 여행은 우리 부부에게 최선의 조합이다.

'어찌 이리 만족스러운 여행이 있다는 말인가?'

나이에 따라 여행의 콘셉트도 달라진다. 젊을 때는 배낭여행, 즉 허름한 숙소에서 자며 가방 하나 달랑 메고 온종일 걸어 다니는 여행을 했다면 지금 우리 부부는 투자 여행을 한다. 투자도 하고 힐링도 한다. 좀 더 나이가 들면 그때는 휴양형 여행이나 또 그 나이에 맞는 여행 콘셉트를 발견하겠지!

역시 여행은 만들어 가는 거야!

여행의 새로운 기준을 정했다. 호찌민으로 부동산 답사를 하러 갔다가 여행의 새로운 묘미를 찾았다. 우리 부부는 앞으

워킹맘, 회사를 그만두고 캐나다로 미니은퇴를 떠나다

로 다른 나라를 여행하더라도 그 나라의 부동산을 답사하는 일을 계속할 것이다. 인생에서 가장 큰 배움은 직접 경험하는 것이다. 다음 프로젝트를 준비할 생각을 하니 설렌다. 무언가 내가 진정으로 하고 싶은 일이 있다는 것은 인생에 큰 활력을 불러일으킨다. 내가 인생 2막을 준비하며 예전과는 다른 삶을 사는 것처럼!

# 내 인생에 정답은 없다.
# 하지만 해답은 있다

옛 어른들의 말에도 공감하고, 최신 트렌드에도 뒤처지지 않는 세대.

내가 어렸을 때는 동네에 소독차도 다녔고, 빈 병을 가져가면 엿장수 아저씨가 대패로 엿을 쓱쓱 갈아 나무젓가락에 끼워 주셨다. 지금 나는 어른들의 꼰대 같은 말에도 동지애를 느끼며 같이 공감할 수 있다. 그런데 또 한편으로 젊은 세대들이 인스타그램, 페이스북, 최신 트렌드를 이야기해도 절대 뒤처지지 않는다. 빠르게 변하는 시대에 도태되지 않으려면 누구보다 새로운 것을 빨리 받아들이고 익숙해져야 했기 때문이다.

요즘 내가 느끼는 사회는 이렇다.

내가 어릴 때와 비교하면 모든 게 순식간에 바뀌었는데 유독 회사에서 여성들만 제자리인 느낌이다. 예전에는 이보다도 못했기에 여성이 승진해서 이 정도 하고 있으면 엄청난 발전이고 감사할 일이지만, 옛 문화를 모르는 요즘 친구들 같으면 참으로 억울해할 일이다.

나는 딸만 셋인 가정의 막내딸이다. 부모님께서 아들을 낳으려다 낳은 딸이다.

다행히 우리 부모님은 세 딸을 애지중지 키워 주셨고, 나는 딸만 있는 가정에서 남녀 불평등을 모르고 성장했다. 어학연수, 조기 졸업, 취업, 승진을 하며 사회에 불만 한 번 갖지 않고 살아왔다. 그런데 워킹맘이 되어보니 조직에서 어쩔 수 없는 한계에 부딪히게 되었다.

왜 배울 만큼 배운 그녀가 아이를 낳고 그만두어야 했는지…. 이제야 좀 알 것 같다.

우리나라에서는 아이를 낳으면 나중에 아이가 들어갈 어린이집에 대기부터 해야 한다. 유치원도 추첨이라 일단 넣을 수 있는 곳은 다 지원해야 하고 합격할 수 있을지는 아무도 모른다. 유치원 입학이 대입보다 어려운 세상이다. 결국 우리 첫째 아이는 유치원에 가야 할 나이에 추첨에서 다 떨어져 집에서 1년간 백수 생활을 했다. 나는 아이를 낳기 전까지 아무것도 모르고 살았다. 이런 말도 안 되는 세상에 내가 살고 있다는 것을 말이다.

세상 참 살기 힘들다. 맞벌이를 해도 금전적으로 항상 쪼들린다. 일도 계속해야 하고 돈도 벌어야 한다. 회사에서 일을 계속하려면 승진도 너무 늦지 않게 해야 한다. 그래야 회사에서 도태되지 않는다. 워킹맘은 남들보다 두세 배 이상 뛰어야 그나마 남들과 좀 비슷해질 수 있다. 승진이라도 하려면 많은 것을 포기해야 한다.

워킹맘은 항상 갈등한다. 이렇게 하는 게 과연 맞는 것일까? 내가 잘하고 있는 것일까?

인생은 선택의 연속이다. 누구나 매 순간 선택의 기로에서 고민을 하고 결정을 내린다. 그때마다 인생에서 이보다 더한 고민은 없을 것 같고, 내 인생의 중대 기로에 서 있는 듯한 느낌이 든다.

누가 속 시원한 해답을 알려주면 얼마나 좋을까?

그런데 막상 시간이 지나고 나면 내가 무엇으로 그때 그렇게 고민했는지 잊어버릴 정도로 별것 아닌 일이었던 경우가 많다. 그런 경험을 통해 우리는 살아가는 법을 배워 나간다. 준비한 사람은 세월이 지날수록 나이만 먹는 것이 아니다. 지혜는 쌓이고 경륜은 더 높아진다.

내 인생에 정답은 없다. 하지만 해답은 있다. 선택의 기로에서 내 결정을 믿고 후회 없이 노력하는 것이다. 나이가 들어

나중에 지금 이 순간을 떠올렸을 때 그때 나의 결정이 옳았다고 생각할 수 있도록 말이다. 인생을 어렵게 생각할 필요는 없다. 나의 선택에 따라 나만의 인생을 만들어나가면 된다. 한 번 사는 인생, 지금보다 더 즐겁고, 행복하게 살 수 있도록 말이다.

나는 인생 2막을 준비하면서 그동안 살면서 한 번도 느껴보지 못했던 설렘을 느꼈고, 내 안의 열정을 일부러 끄집어내려고 하지 않아도 마구 솟구치는 것을 경험했다.

이것을 모르고 살았다면 얼마나 무료한 인생이었을지, 생각만 해도 몸서리가 쳐진다. 지금까지 그렇게 살아왔기에 무료함이 어떤 것인지 너무 잘 알기 때문이다. 인생 2막은 재미있는 인생을 살 것이다. 끌려다니는 삶이 아닌, 내가 이끄는 삶이다.

워킹맘은 강하다. 출산과 육아를 하며 그 누구보다 강해졌고 엄청난 내공을 쌓았다. 의지만 있다면 잘할 수 있다.

나는 우리 아이들도 중요하지만, 우리 부부의 노후도 중요하다. 아이들만 바라보고 살지 않을 것이고, 아이들에게 모든 것을 투자하지도 않는다. 단, 아이들의 중요한 시기를 놓치지 않도록 도우면서 우리 부부의 노후도 준비하고 있다.

언뜻 들으면 이 모든 것이 벅차고 힘들게 느껴지겠지만, 지금 준비하는 모든 것이 오히려 우리 부부를 경제적으로 자유롭고

편하게 만들어 준다. 지금부터 준비하면 미래에 대한 두려움
은 사라진다. 자신감과 열정이 그 자리를 대신할 것이다.

지금 당신의 미래는 어떠한가? 막연한 두려움이 자리 잡고
있다면, 이제 새로운 마음가짐으로 그 자리를 채워 나가 보자.

워킹맘, 회사를 그만두고 캐나다로 미니은퇴를 떠나다